Kalimba

SCHNELL UND EINFACH LERNEN

Mit
QR-Codes

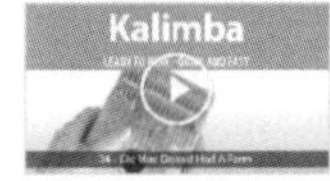

Schneller Lernerfolg durch Links zu vielen Playbacks

Grundlagen und Spieltechniken

Für Kalimbas mit 17 und 10 Zungen

Über 40 bekannte und beliebte Lieder

Ideal für Anfänger

CASCHA®

Über diesen QR-Code kannst du eine Playlist aufrufen, die alle Playbacks der Übungen und Songs enthält:

Du brauchst dafür nur eine Scan-App für dein Smartphone oder Tablet, die du bei Bedarf kostenlos herunterladen kannst.

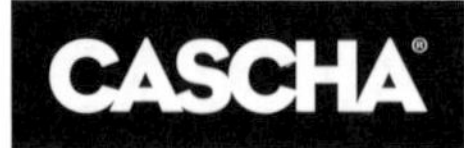

CASCHA GmbH
Eschenbach 542
91224 Pommelsbrunn, Germany
Telefon: +49 (0)9154 / 916940
Telefax: +49 (0)9154 / 916941
Mail: info@caschamusic.de

Autor: Rainer Pink
Gesamtherstellung: Helmut Hage, Rainer Pink

Bestellnummer: HH 1071 DE
ISBN: 978-3-86626-512-7

Vorwort

Mit dieser Schule kannst du bereits nach kurzer Zeit die ersten Songs auf deiner Kalimba spielen.
Die Kombination von Lehrbuch und Playbacks bietet dir den idealen Einstieg.
Alle Playbacks gibt es per QR-Code zum Anhören und Mitspielen.
So kannst du die Playbacks ganz einfach über dein Smartphone oder Tablet abspielen.
Die Schule ist für Kalimbas mit 17 und 10 Klangzungen geeignet.
Alle Songs sind entsprechend gekennzeichnet.

Die wichtigsten Grundlagen werden kurz und einfach erklärt. Danach geht es gleich los mit dem Spielen.
Die leicht verständliche Darstellung weckt sofort die Freude am Musizieren!

So macht Kalimba spielen Spaß!

Hinweis:
Beim Spielen der Songs kannst du dich z.B. von einer Gitarre begleiten lassen. Dazu stehen die Akkorde über den Noten. Sie dienen dir auch zur Orientierung. Die Akkordbezeichnungen in diesem Buch werden in der international üblichen Schreibweise geschrieben. Das deutsche „H" wird als „B" und das deutsche „B" als „B♭" bezeichnet.

Inhalt

So übst du mit diesem Buch

Alle Übungen und Songs aus diesem Buch gibt es als QR-Code zum Anhören und Mitspielen. Die Songs liegen als Hörbeispiel komplett mit Melodie eingespielt vor. Höre dir zuerst die Aufnahme an und merke dir die Melodie des Stücks. Danach kannst du die Melodie zum Playback auf deiner Kalimba üben.

Generell gilt: Übe immer zunächst langsam. Wenn du die Melodie sicher spielen kannst, steigere das Tempo.

Wie oft soll man üben?

Natürlich wird der Musiker, der öfter und länger übt, schnellere Fortschritte machen als einer, der sich nur ab und zu seinem Instrument widmet. Leider hat nicht jeder unbegrenzt Zeit. Deshalb sollte man effektiv üben.

Übe lieber regelmäßig in kurzen Einheiten als an einem Tag sehr lange. Als Minimum sollten es schon 15 Minuten täglich sein. Du wirst sehen, das wird dir nicht schwer fallen, denn ein Instrument zu spielen macht Spaß. Und das Tolle ist, je besser man wird, desto mehr Spaß macht es.

Den meisten Menschen macht Musikmachen dann Spaß, wenn sie merken, dass sie eine Melodie oder einen Rhythmus gut spielen können, ohne darüber nachzudenken. Auch wenn ein Song schwer erscheint, nach vielen Wiederholungen wird er gelingen.

Deswegen: Nicht gleich aufgeben. Irgendwann wird das „Üben" ein „Spielen" und damit zum Spaß!

Kalimba Modelle

Kalimbas gibt es in verschiedenen Varianten. Sie unterscheiden sich meistens durch die Anzahl der Klangzungen und durch die Stimmung. Für dieses Buch verwendest du am besten ein Modell in C-Dur mit 17 Klangzungen. Für die ersten Spielstücke bis zum Ton **Ė**, können auch Kalimbas mit 10 Klangzungen verwendet werden.

Die Lieder sind alle entsprechend gekennzeichnet: 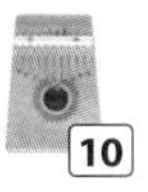

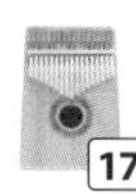

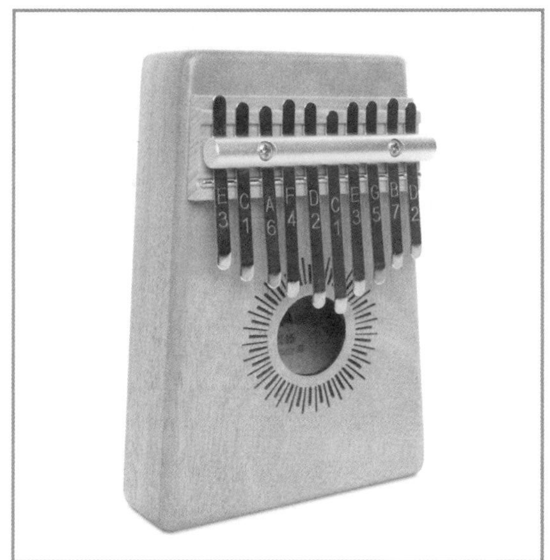

Kalimba mit 10 Klangzungen in C-Dur

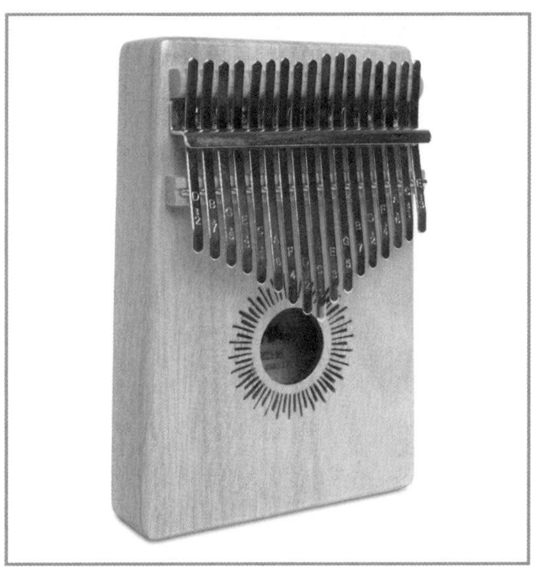

Kalimba mit 17 Klangzungen in C-Dur

Das Stimmen der Kalimba

Deine Kalimba muss längst nicht so oft gestimmt werden, wie z.B. eine Gitarre oder eine Ukulele, aber irgendwann wird der Moment kommen, wo sie gestimmt werden muss. Um die Kalimba richtig zu stimmen, benötigst du zwei Dinge:

1. Ein elektronisches Stimmgerät
Für deine Kalimba benötigst du entweder ein chromatisches Stimmgerät oder du installierst dir eine Stimmgeräte-App auf deinem Smartphone.

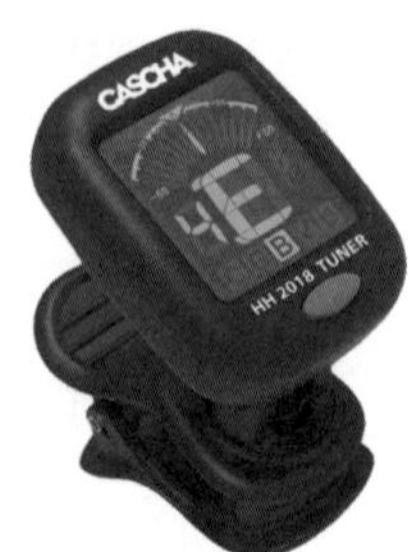

elektronisches Stimmgerät

2. Ein Stimmhammer
Oder einen vergleichbaren kleinen Hammer.

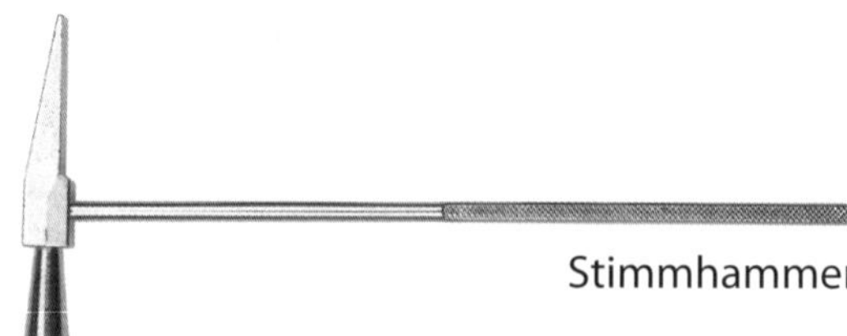

Stimmhammer

So funktioniert es: Mit deinem elektronischen Stimmgerät überprüfst du die Tonhöhe der Klangzungen. Auf dem Display des Stimmgeräts wird dir dann angezeigt, ob die Tonhöhe der jeweiligen Klangzunge zu hoch oder zu tief ist.

Ton zu hoch: Um den Ton tiefer zu machen, bewege die jeweilige Klangzunge mit dem Stimmhammer in Richtung des Schalllochs (der schwingende Teil der Klangzunge wird länger).

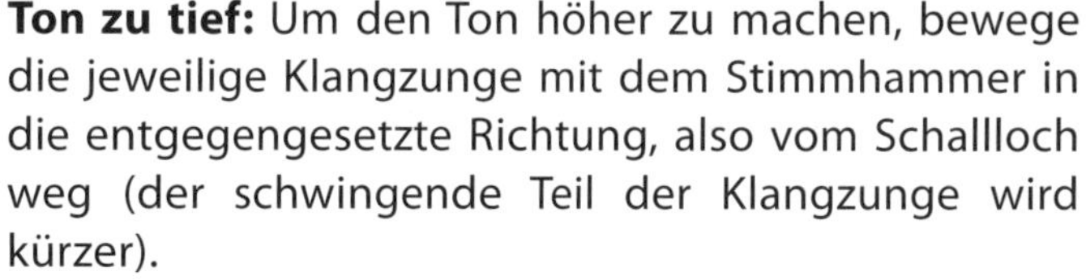

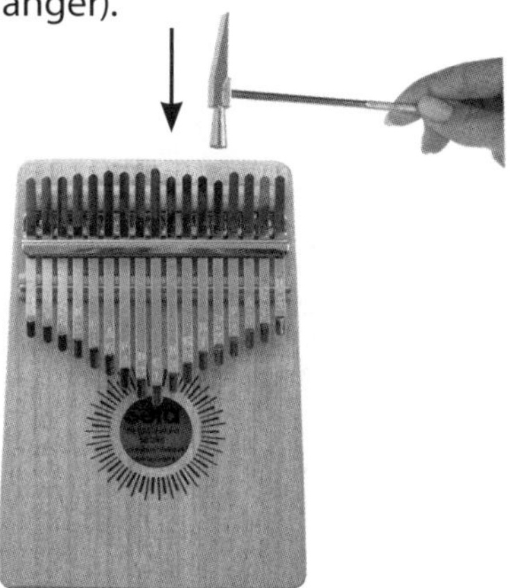

Ton zu tief: Um den Ton höher zu machen, bewege die jeweilige Klangzunge mit dem Stimmhammer in die entgegengesetzte Richtung, also vom Schallloch weg (der schwingende Teil der Klangzunge wird kürzer).

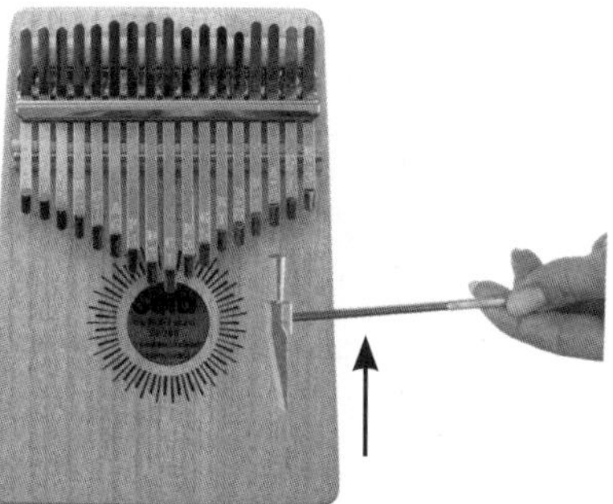

Versuche immer mit leichten und vorsichtigen Schlägen zu arbeiten und nicht mit großer Kraft!

TIPP

Lege während des Stimmens ein weiches Tuch auf deine Kalimba, um Kratzer zu vermeiden.

Die richtige Spielhaltung

Nimm die Kalimba in beide Hände, die Daumen zeigen zur Mitte der Kalimba. Von dort aus musst du alle Zungen mit den Daumen erreichen können. Der linke Daumen spielt die Zungen auf der linke Seite, der rechte Daumen spielt die Zungen auf der rechten Seite. Deswegen wird die Kalimba auch als Daumenpiano bezeichnet. Du kannst sowohl mit dem Fingernagel, als auch mit der Daumenkuppe die Klangzungen anschlagen. Anfänger können auch Daumenschutzkappen verwenden, damit das Anschlagen nicht so weh tut.

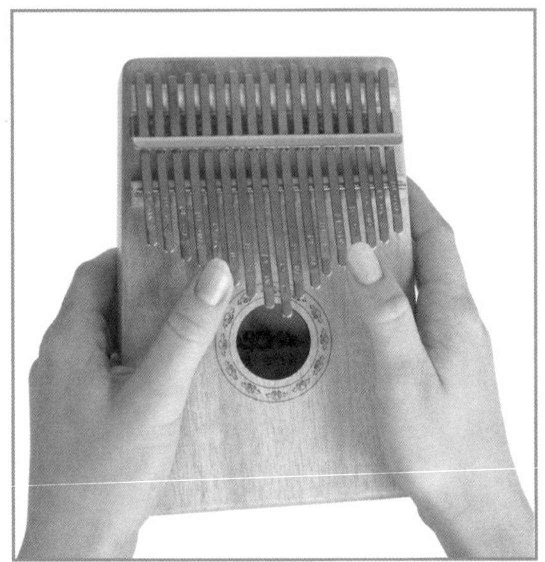

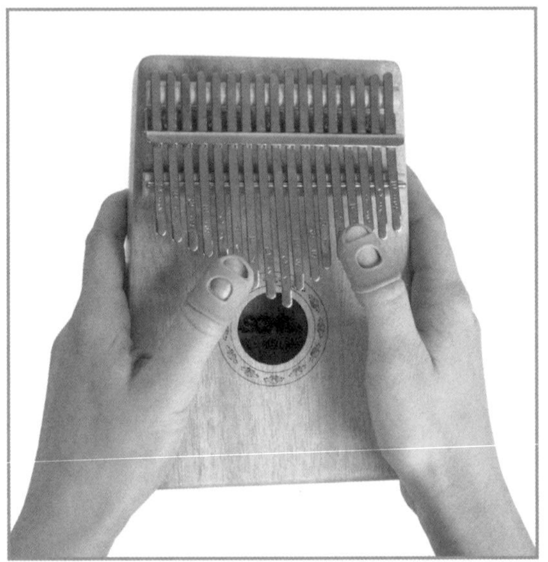

Das Notensystem

Ein Notensystem besteht aus fünf Linien, vier Zwischenräumen und einem Notenschlüssel. Tiefe Noten stehen ganz unten, hohe Noten ganz oben.

Noten auf der Linie

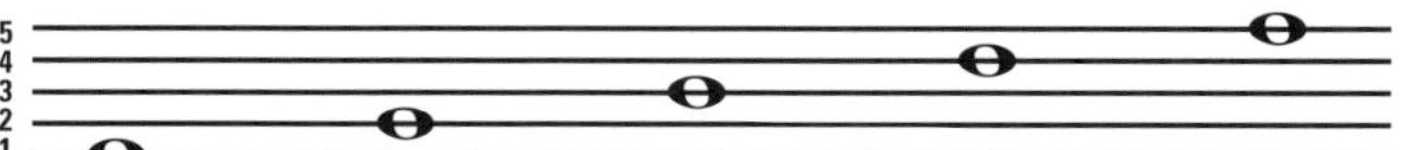

Noten im Zwischenraum

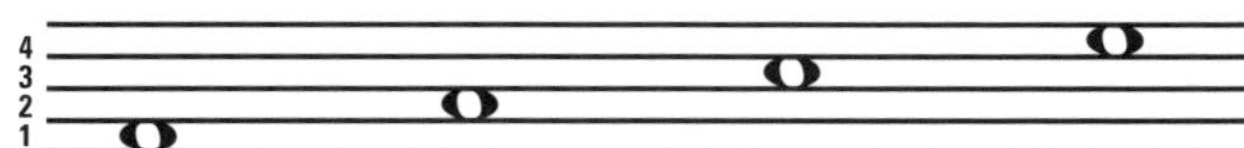

Reichen die vorhandenen 5 Notenlinien nicht aus, werden die Noten auf Hilfslinien notiert.

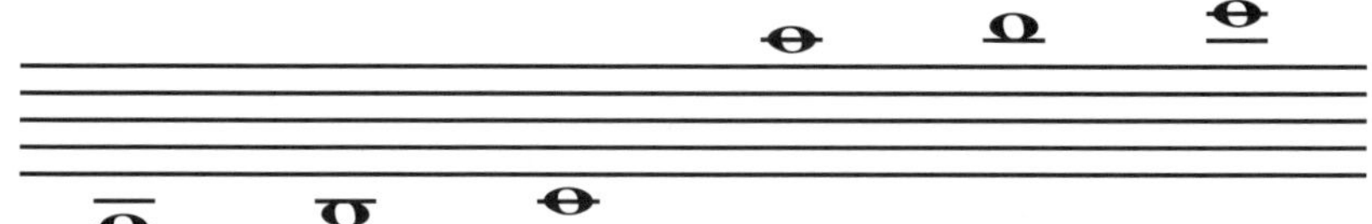

Der Notenschlüssel

Am Anfang eines Notensystems steht immer ein Notenschlüssel. In der Regel handelt es sich um den sogenannten G-Schlüssel. Er zeigt uns, auf welcher Linie der Ton „g" liegt und wird auch als Violinschlüssel bezeichnet.

Violinschlüssel

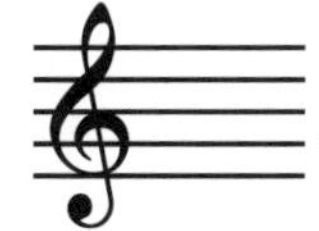

auf dieser Linie liegt der Ton g

Die Notenwerte

Der Notenwert gibt die Länge eines Tons oder einer Pause an. Nicht alle Töne sind gleich lang: Es gibt kürzere und längere Töne/Pausen.

Note	Pause		
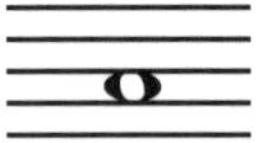 **Ganze Note**	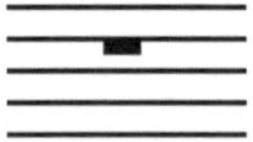 **Ganze Pause**	=	4 Schläge
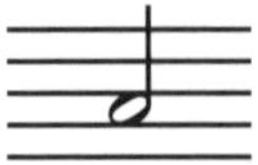 **Halbe Note**	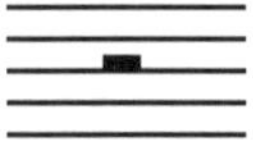 **Halbe Pause**	=	2 Schläge
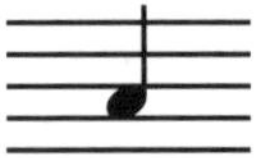 **Viertelnote**	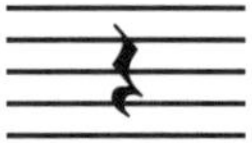 **Viertel Pause**	=	1 Schlag
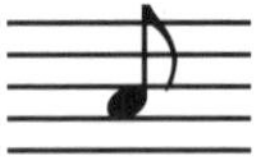 **Achtelnote**	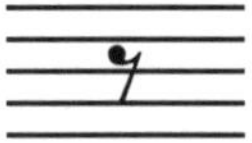 **Achtel Pause**	=	Eine Achtelnote wird doppelt so schnell gespielt wie eine Viertelnote. Zwei Achtelnoten sind genauso lang wie eine Viertelnote.

Die Töne der Kalimba

In dieser Übersicht findest du die Töne, wie sie auf deiner Kalimba angeordnet sind.

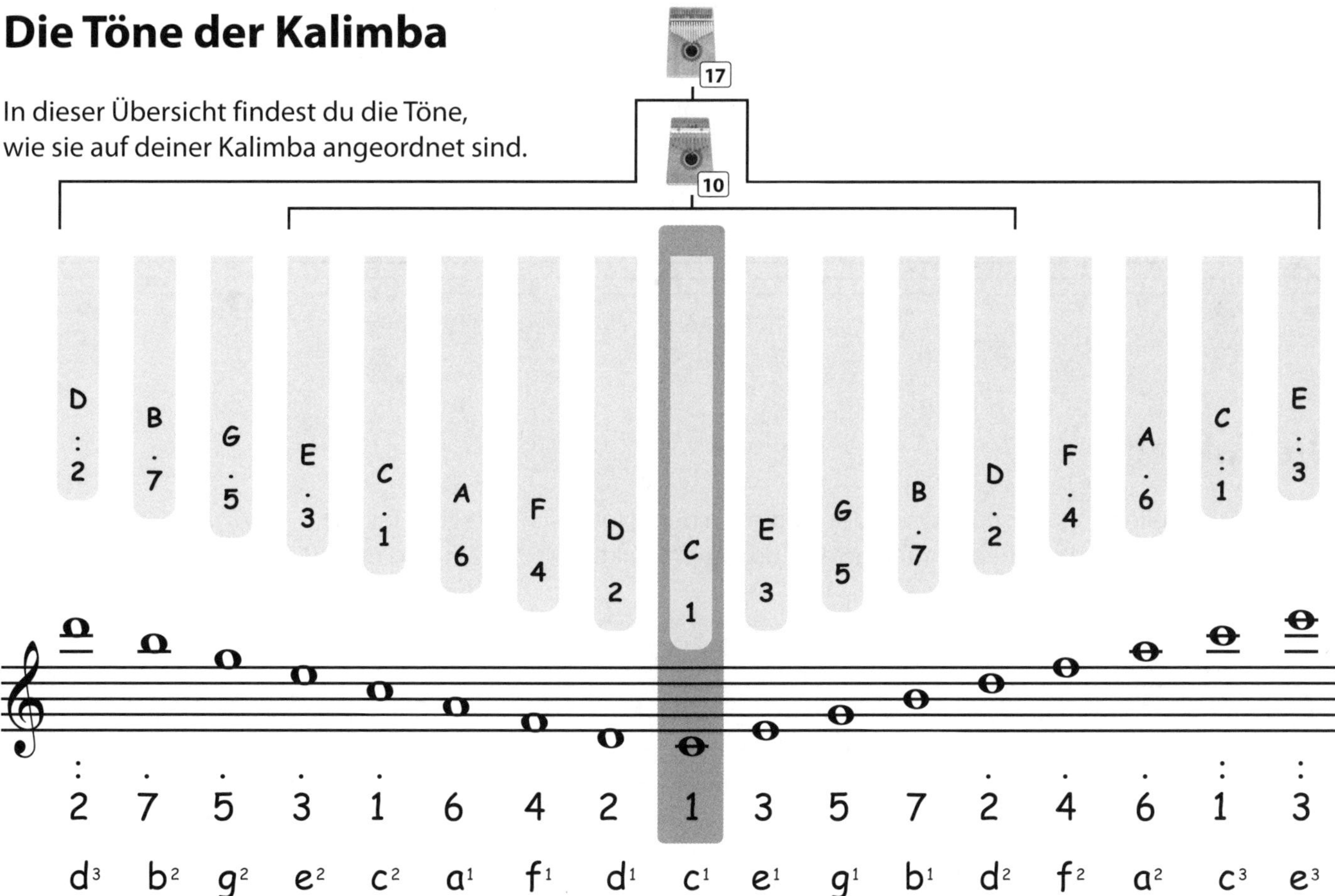

Die ersten Töne

Übe die nachfolgende Tonleiter. Man sollte auf Gleichmäßigkeit der Tonlängen achten! Über den Noten stehen die Nummern der Metallzungen. Spiele einfach nach den Nummern.

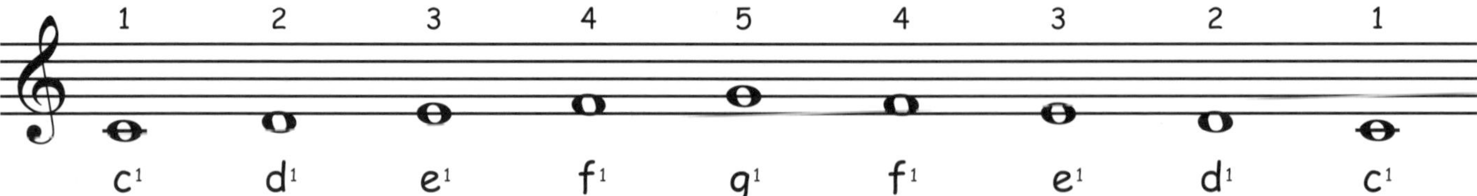

Die Taktart

In der ersten Zeile eines Musikstücks findet man nach dem Notenschlüssel die Taktart.
Die am häufigsten vorkommenden Taktarten sind der 4/4-Takt, der 3/4-Takt und der 2/4-Takt.

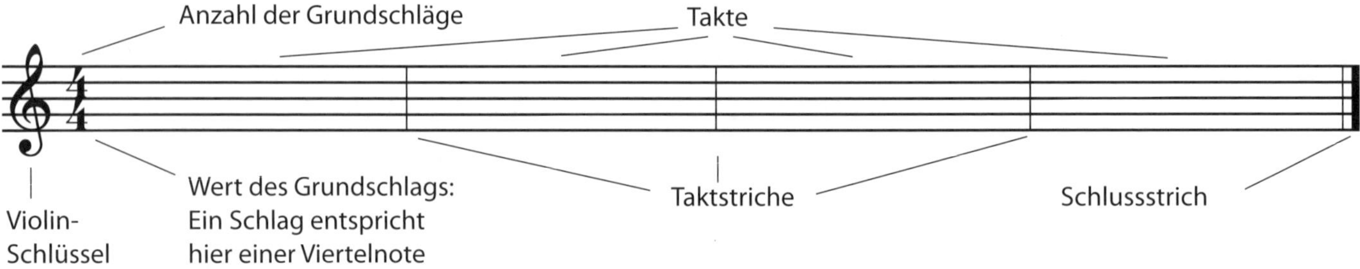

Der 4/4-Takt

Wie bereits erwähnt, ist die mit am meisten verwendete Taktart der 4/4-Takt. Hier zählt man immer 4 Grundschläge. Im folgenden Beispiel sieht man die so genannten Zählzeiten, die immer gleich bleiben. Je nach Notenwert werden die Schläge auf die Zählzeiten aufgeteilt und die Noten entsprechend lang gespielt.

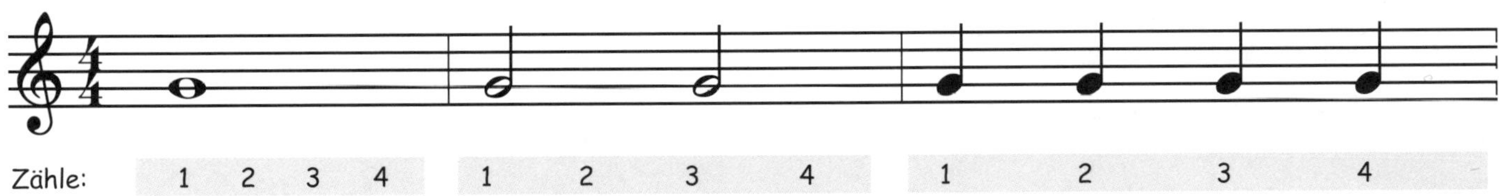

Übung 1: Ganze Noten

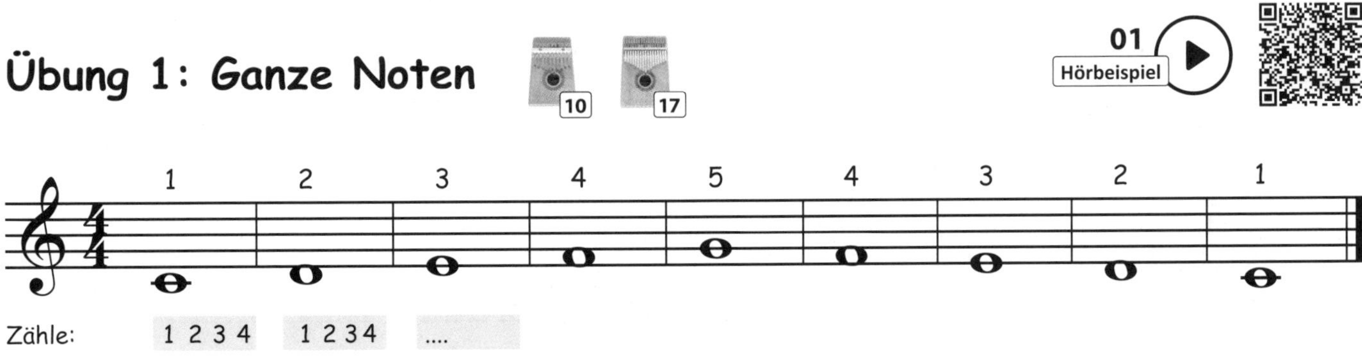

Übung 2: Halbe Noten

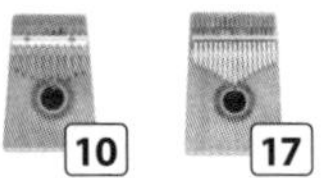

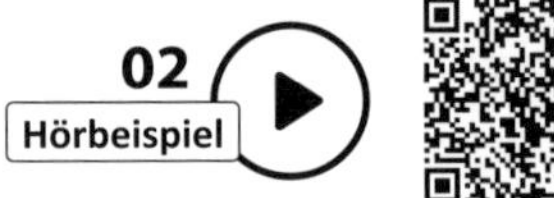

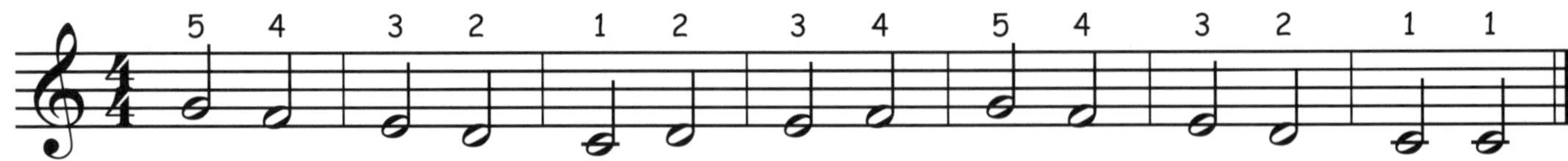

Zähle: 1 2 3 4   1 2 3 4   ....

Übung 3: Viertelnoten

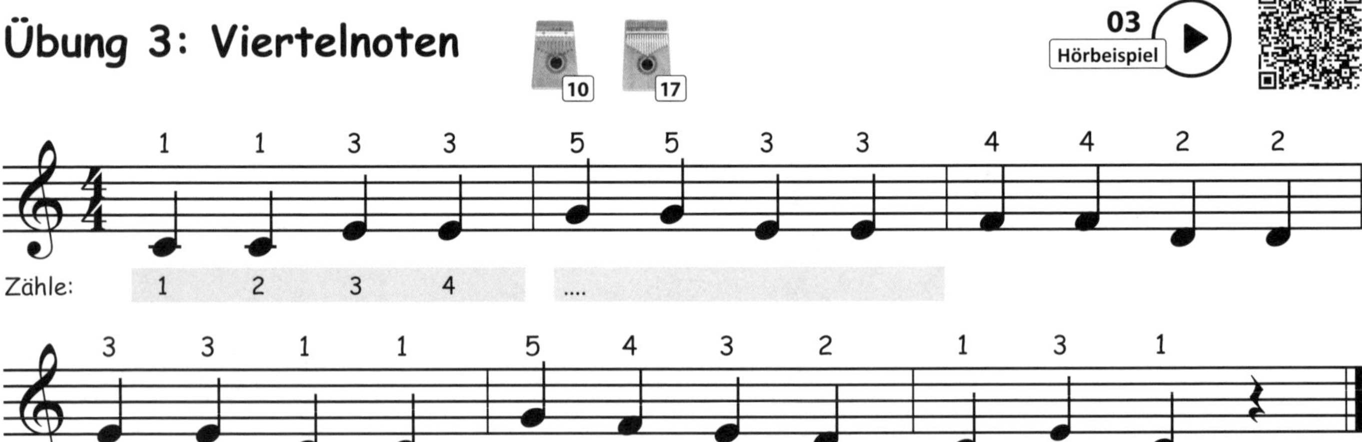

Übung 4: Ganze, Halbe und Viertelnoten

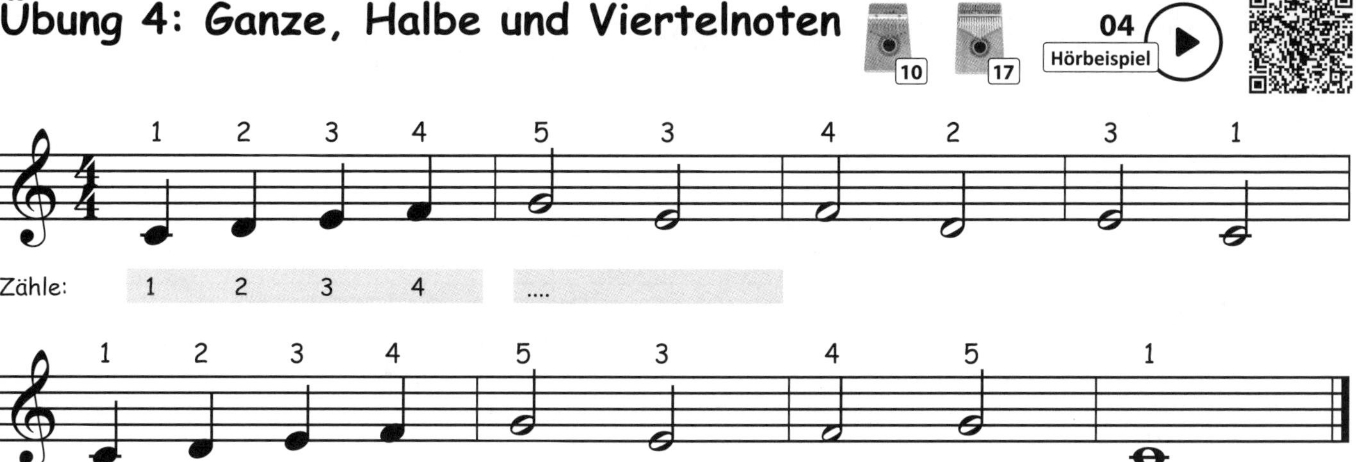

Die ersten Stücke

Nach diesen ersten einfachen Vorübungen kommen schon die ersten Lieder. Die Zählzeiten sind unter den Noten notiert. Als Anfänger solltest du immer laut zählen und gleichzeitig mit dem Fuß mitklopfen, um das Tempo zu halten. Achte darauf, dass dein Tempo gleichmäßig ist und nicht schwankt.

TIPP

Höre dir vor dem Spielen immer das jeweilige Playback über den QR-Code an.

Merrily We Roll Along

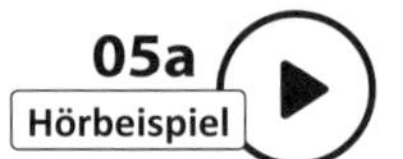

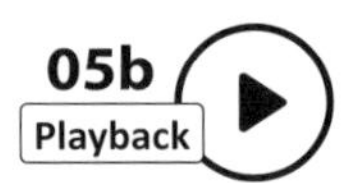

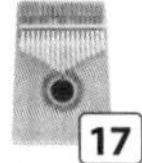

17

Traditional

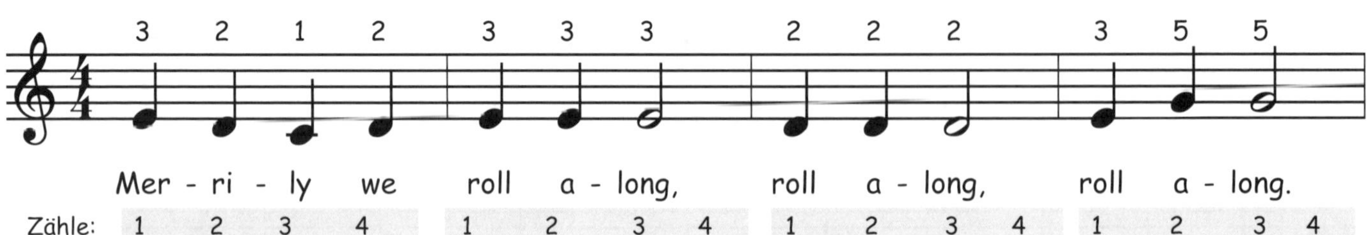

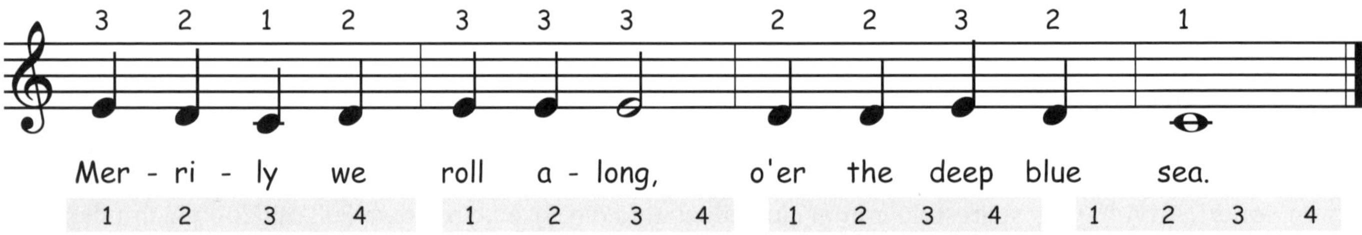

TIPP

Zähle beim Spielen am besten laut mit und klopfe mit dem Fuß die Grundschläge.

Sur Le Pont d'Avignon

06a
Hörbeispiel
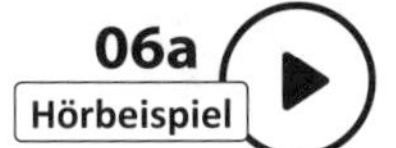

06b
Playback

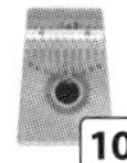

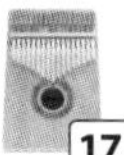

Traditional

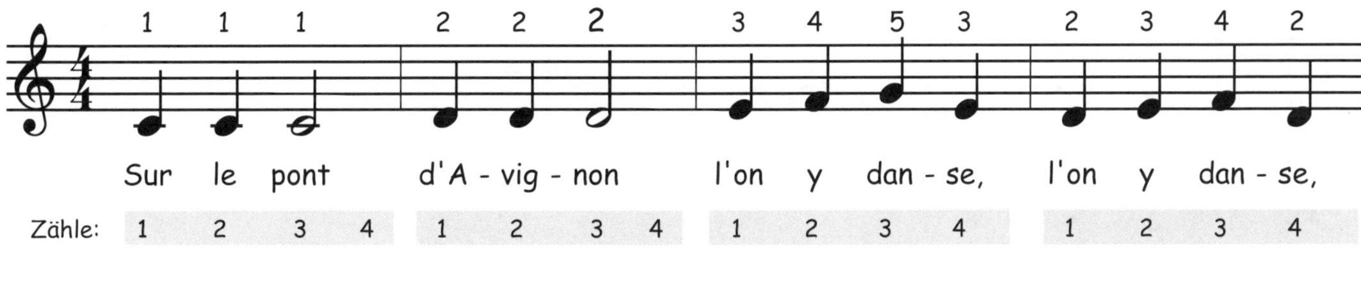

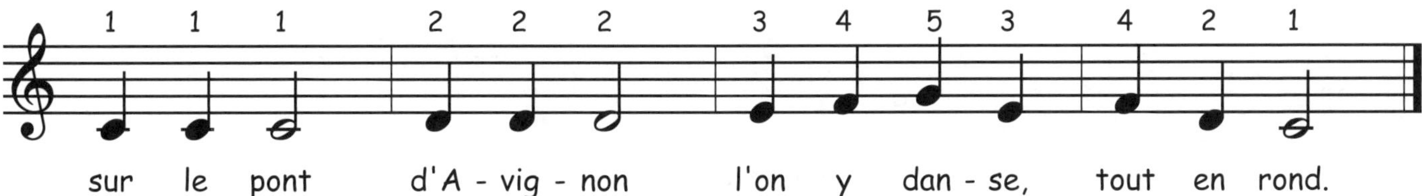

Freude schöner Götterfunken

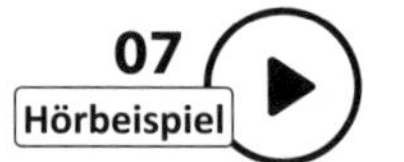

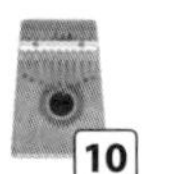

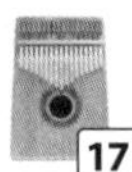

Traditional, Ludwig van Beethoven

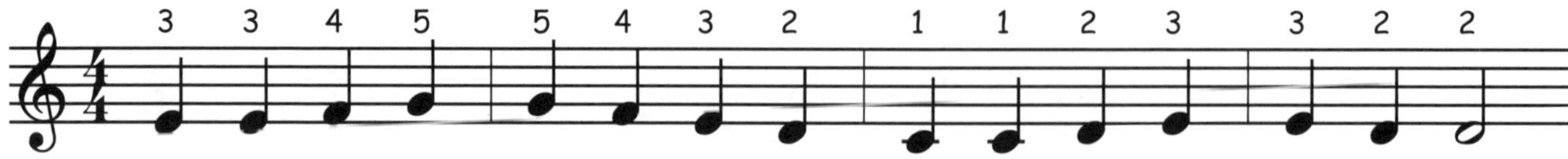

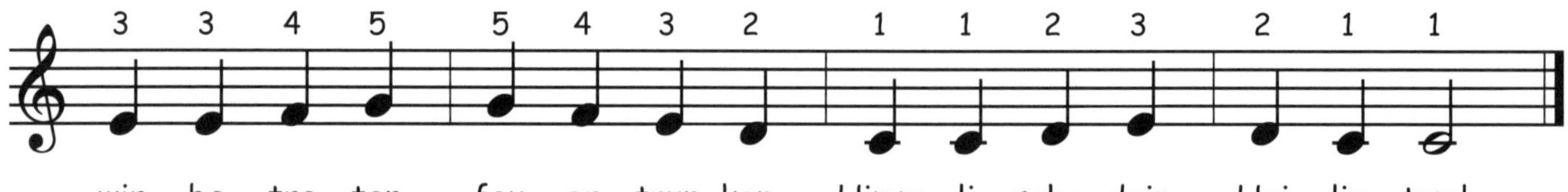

Der 3/4-Takt

Neben dem häufig verwendeten 4/4-Takt gibt es noch den 3/4-Takt, der auch als Walzer bezeichnet wird. Je nach Tempo unterscheidet man zwischen dem langsamen (=English Waltz) und dem schnellen Walzer (=Wiener Walzer). Der Walzer hat pro Takt nur drei Schläge, wobei die Betonung immer auf Schlag „1“ liegt.

Punktierte Noten

Jede Note kann mit einem nachstehenden Punkt versehen werden. Der Punkt hinter einer Note verlängert diese um die Hälfte ihres Wertes, z. B. im nächsten Lied auf Seite 22 in Takt 4 wird die Halbe Note durch den Punkt um eine Viertelnote verlängert.

Sie klingt so lange wie 3 Viertelnoten: 𝅗𝅥. = ♩+♩+♩

Die Viertelpause

Sie besagt, dass für die Dauer einer Viertelnote kein Ton gespielt wird. Das Zeichen für eine Viertelpause sieht so aus: 𝄽

Kuckuck, Kuckuck, ruft's aus dem Wald

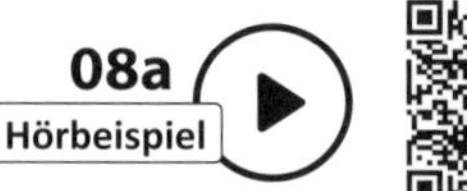

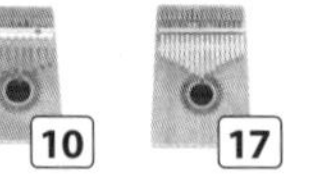

Traditional

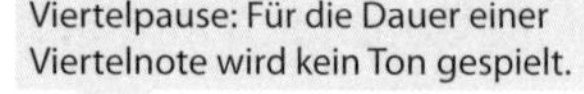

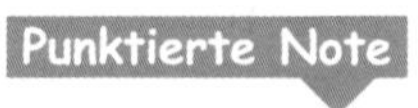

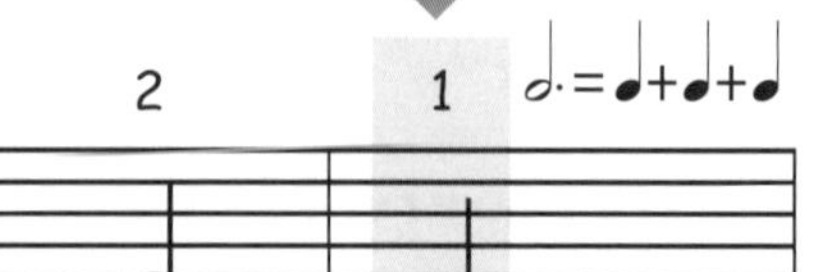

5 3 | 5 3 | 2 1 2 | 1

Ku - ckuck, Ku - ckuck, ruft's aus dem Wald.

Zähle: 1 2 3 | 1 2 3 | 1 2 3 | 1 2 3

2 3 | 4 2 | 3 4 | 5 3

Las - set uns sin - gen, tan - zen und sprin - gen.

1 2 3 …

5 3 | 5 3 | 4 3 2 | 1

Früh - ling, Früh - ling, wird es nun bald.

Der Haltebogen

Manchmal müssen Noten länger ausgehalten werden als ein Takt dauert. Notiert werden diese Noten mit Hilfe eines Haltebogens. Der Haltebogen wird von Notenkopf zu Notenkopf gezeichnet. Die zweite Note verlängert den Wert der ersten Note um Ihren eigenen Wert, wobei die zweite Note nicht neu angeschlagen werden darf.

Im nächsten Stück wird der Haltebogen in der zweiten und vierten Zeile verwendet.

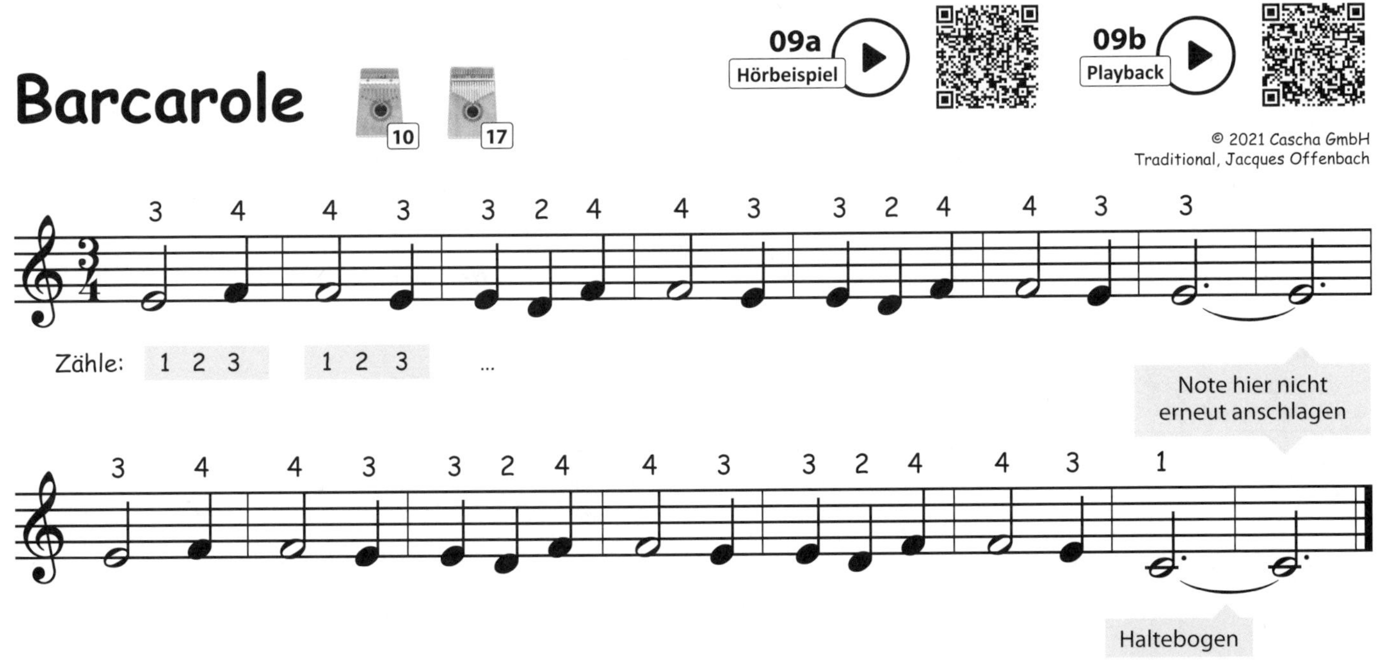

TIPP

Du kannst dich z.B. von einer Gitarre begleiten lassen. Dazu stehen die Akkorde über den Noten. Sie dienen auch dir zur Orientierung.

Hänschen klein

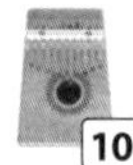

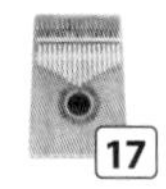

Tempo: ♩ = 100

Traditional

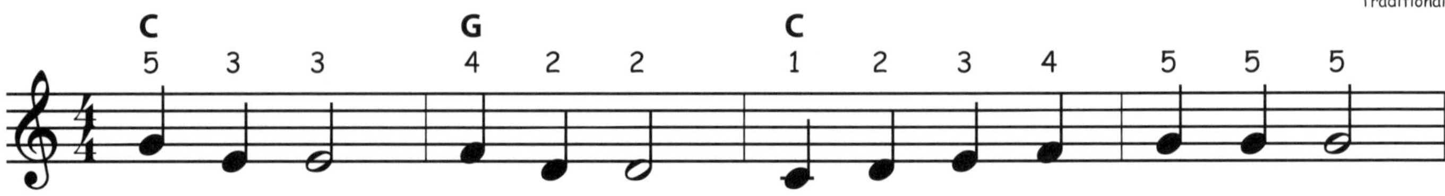

Häns-chen klein, ging al - lein in die wei - te Welt hi - nein.

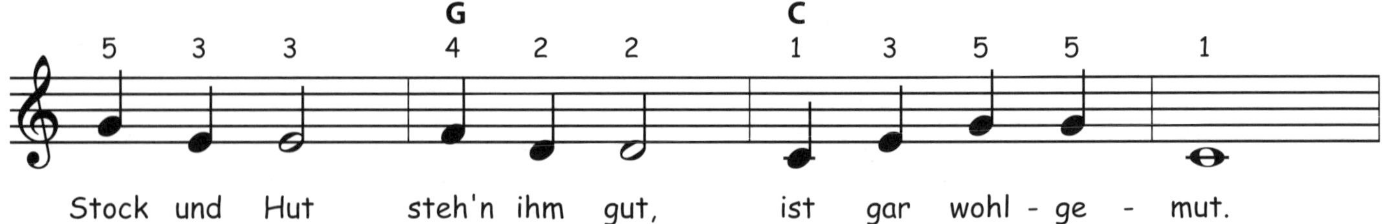

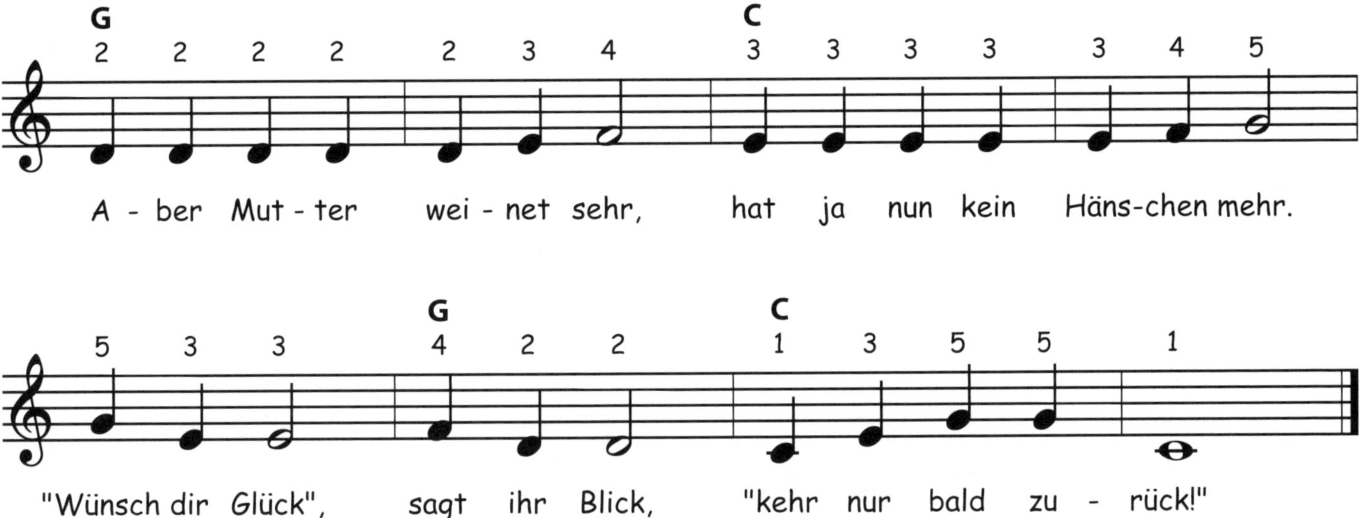

TIPP

Zu Beginn ist es oftmals hilfreich, das Tempo zum Üben zuerst zu verlangsamen. Wenn man den Titel besser spielen kann, sollte man das Tempo steigern bis man das Originaltempo erreicht hat.

Summm, summ, summ

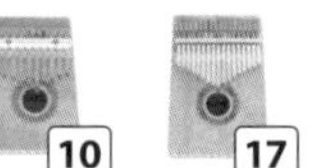

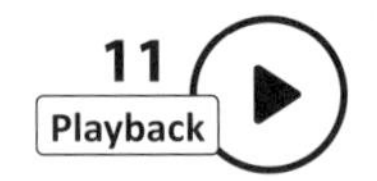

Tempo: ♩ = 120

Traditional

C G C G C
5 4 3 2 3 4 2 1

Summ, summ, summ, Bien - chen summ he - rum.

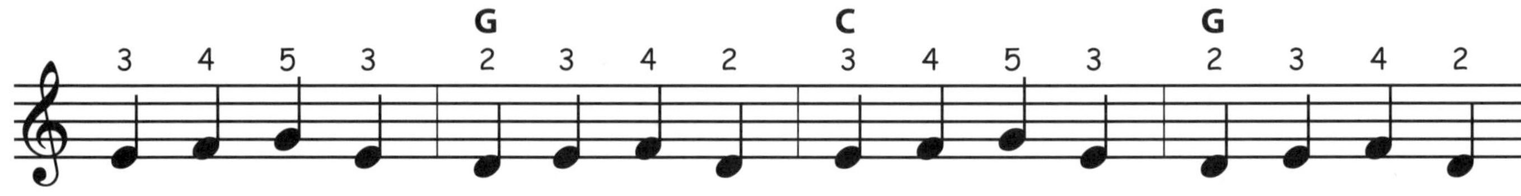

Ei wir tun dir nichts zu - lei - de, flieg nur aus in Wald und Hei - de.

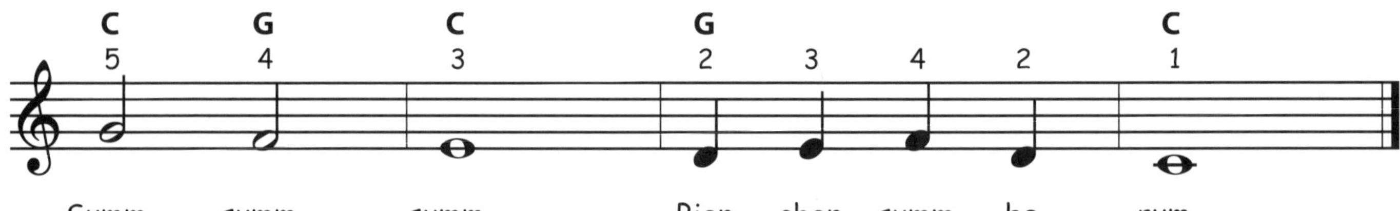

Summ, summ, summ, Bien - chen summ he - rum.

Der Auftakt

Der Auftakt ist ein unvollständiger Takt am Anfang eines Stückes. Im Unterschied zu einem vollständigen Takt, welchen man komplett durchzählt, kann man in einem Auftakt nur die fehlenden Noten vorzählen bis die erste Note gespielt wird. So wird z.B. beim folgenden Lied **„Oh When The Saints"** ein kompletter Takt und ein Viertelschlag vorgezählt. Auf Zählzeit „2" beginnt man die Melodie zu spielen.

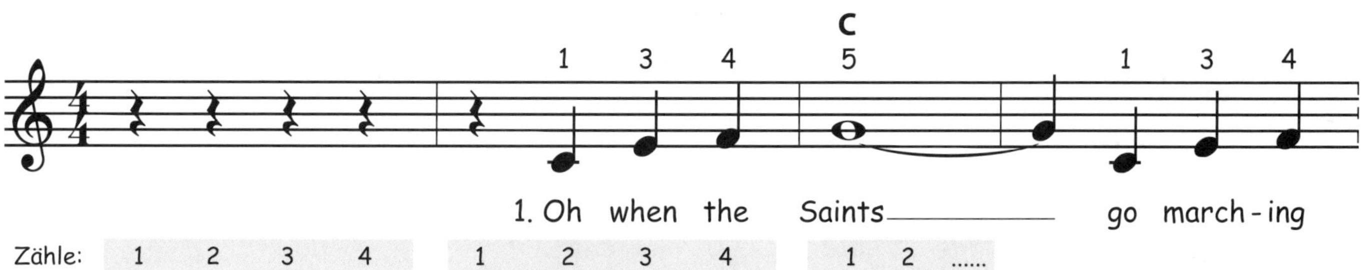

REGEL

Beginnt ein Stück mit einem Auftakt, so muss sich der Schlusstakt mit dem Auftakt zusammengezählt zu einem vollständigen Takt ergänzen.

Oh When The Saints

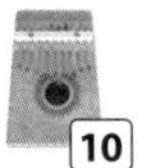

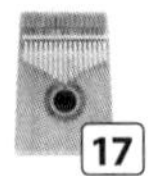

Tempo: ♩ = 180

Traditional

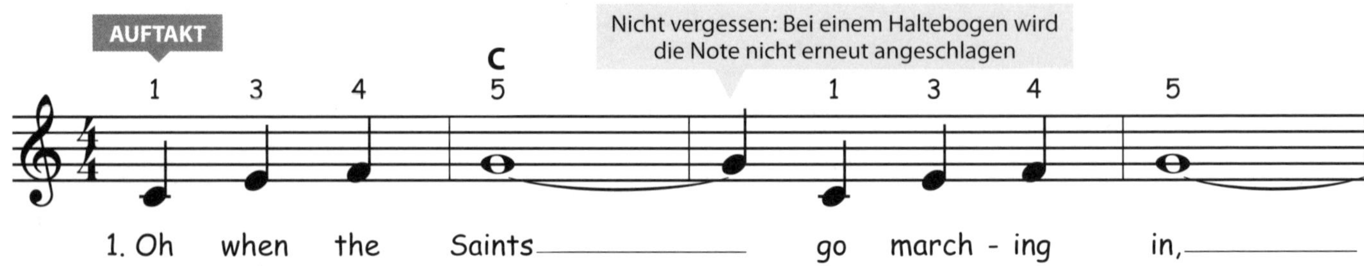

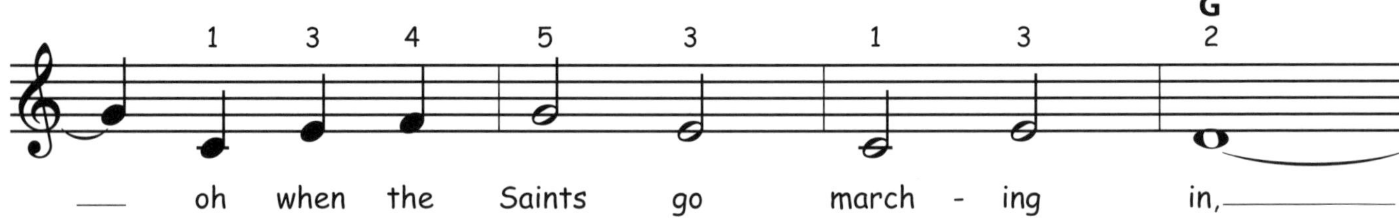

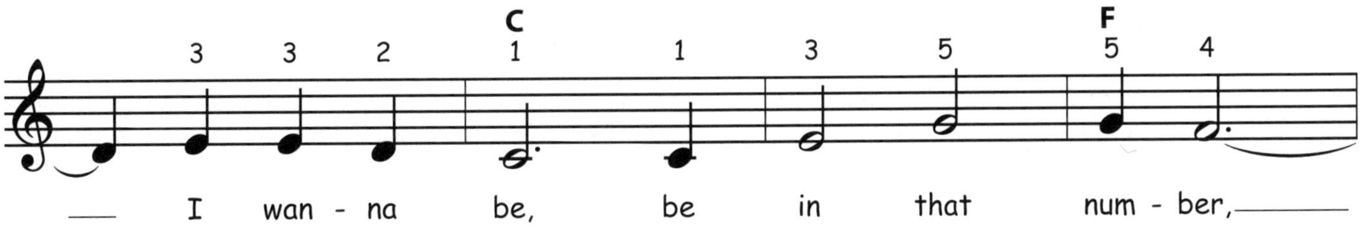

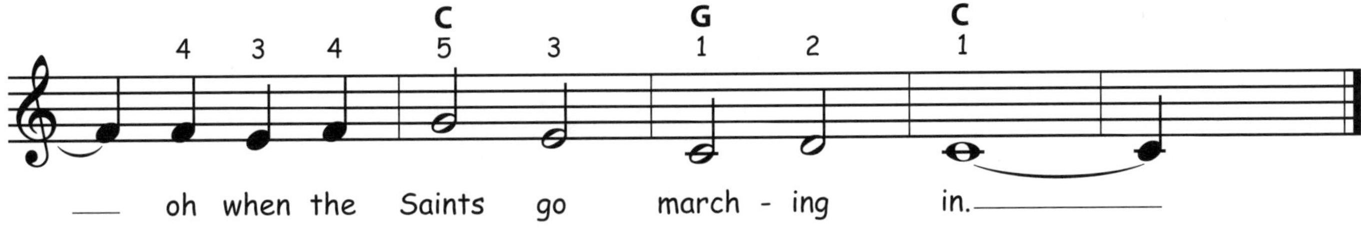

2. And when the stars, begin to shine,
and when the stars, begin to shine.
I wanna be, be in that number,
oh when the Saints go marching in.

3. And when the band begins to play,
and when the band begins to play.
I wanna be, be in that number,
oh when the Saints go marching in.

Achtelnoten

Im nächsten Lied findest du erstmals Achtelnoten. Einzelne Achtel werden mit einem Fähnchen am Notenhals notiert ♪. Achtelnoten können natürlich auch mehrfach hintereinander auftreten. Man schreibt diese dann immer in Gruppen verbalkt, da mehrere Achtel-Fähnchen die Lesbarkeit erschweren würden.

Der Notenwert einer Achtelnote beträgt genau die Hälfte einer Viertelnote. Beim Zählen des Rhythmus kann man sich der Hilfssilbe „und" bedienen. Im nächsten Lied zählt man zum Beispiel in der zweiten Zeile „1", „2 und", „3", wobei die „und"-Silbe rhythmisch mittig zwischen Schlag „2" und Schlag „3" gezählt wird.

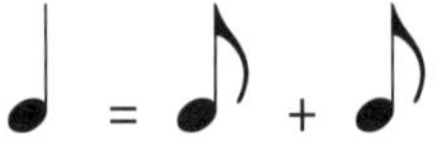

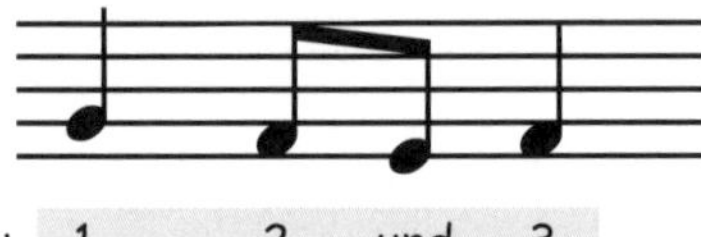

Zähle: 1 2 und 3

Winter ade

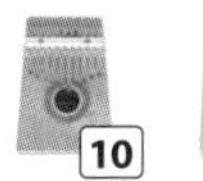

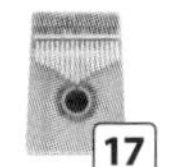

Tempo: ♩ = 100

Traditional, August Heinrich Hoffmann von Fallersleben

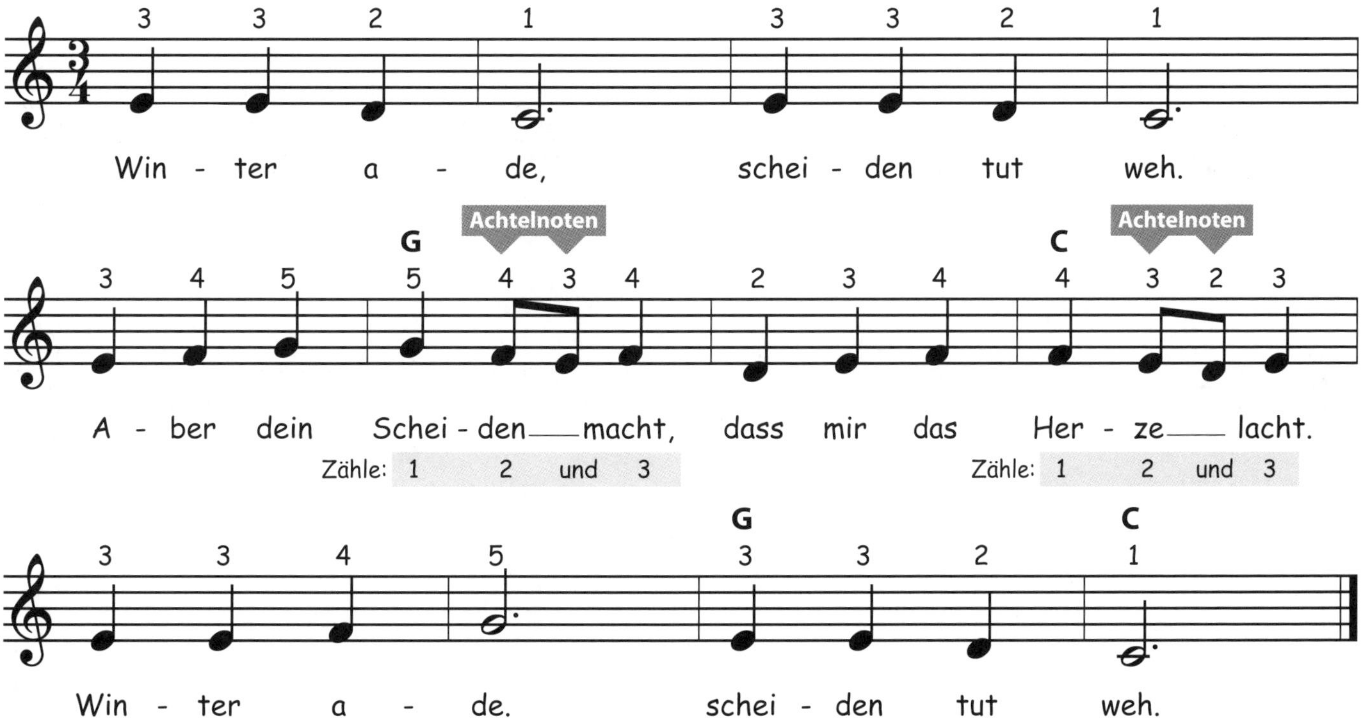

3 3 2 | 1 | 3 3 2 | 1

Win - ter a - de, schei - den tut weh.

Achtelnoten Achtelnoten

G C

3 4 5 | 5 4 3 4 | 2 3 4 | 4 3 2 3

A - ber dein Schei - den__ macht, dass mir das Her - ze__ lacht.

Zähle: 1 2 und 3 Zähle: 1 2 und 3

G C

3 3 4 | 5 | 3 3 2 | 1

Win - ter a - de. schei - den tut weh.

Vogelhochzeit

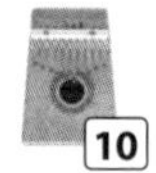

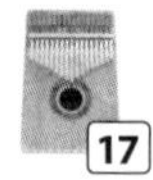

Tempo: ♩ = 90

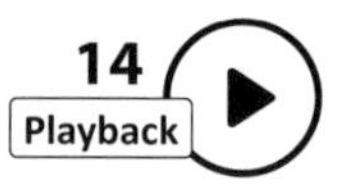

Traditional

AUFTAKT

C G

3 5 3 5 3 4 2 4 2

1. Ein Vo - gel woll - te Hoch - zeit ma - chen

C G Achtelnoten C Achtelnoten

3 1 5 3 2 5 5 5 3 1 1 1 5 3

in dem grü - nen Wal - de, fi - di - ral - la - la, fi - di -

Zähle: 1 2 3 4 und

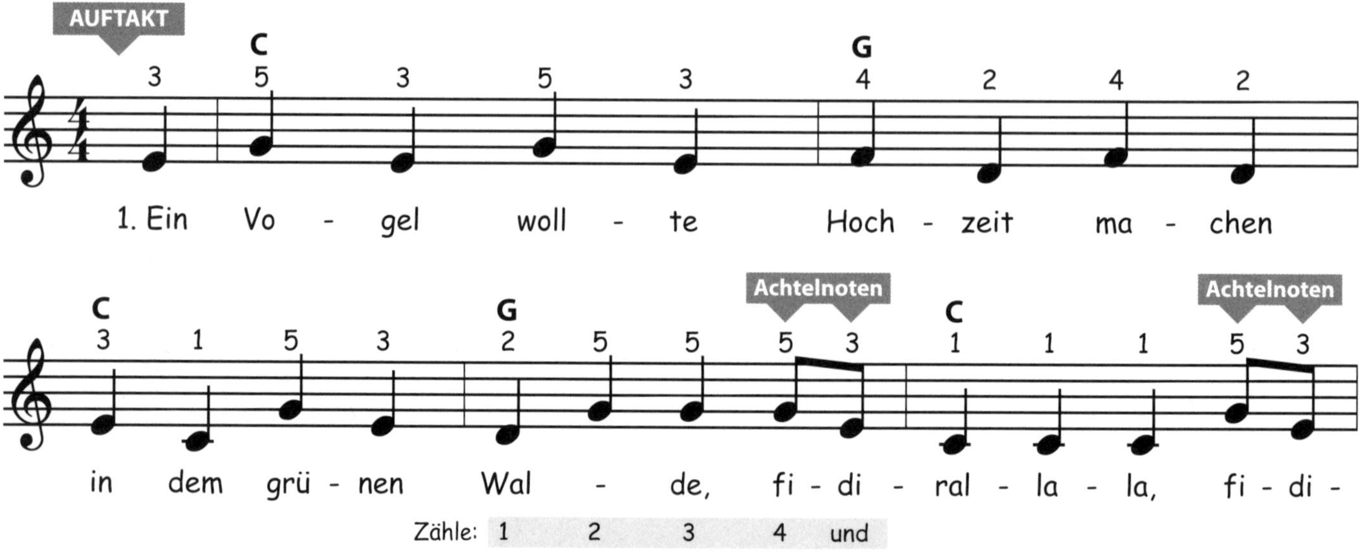

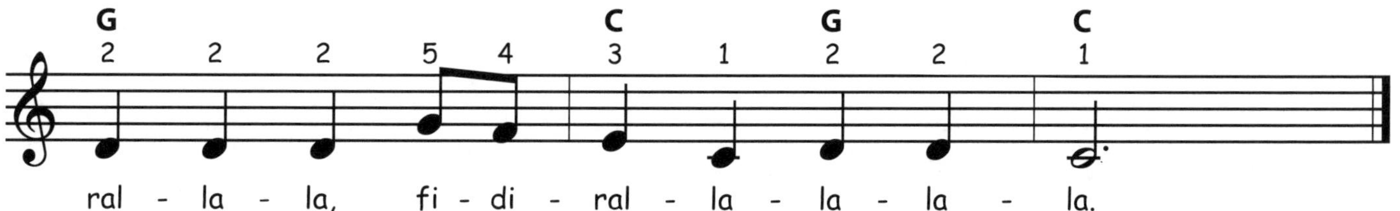

2. Die Drossel war der Bräutigam, die Amsel war die Braute,
fidirallala, fidirallala, fidirallalalala.

3. Der Sperber, der Sperber, der war der Hochzeitswerber,
fidirallala, fidirallala, fidirallalalala.

4. Der Stare, der Stare, der flocht der Braut die Haare,
fidirallala, fidirallala, fidirallalalala.

Der Kuckuck und der Esel

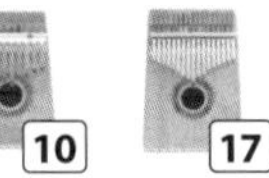

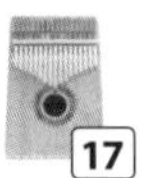

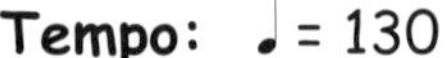

Traditional, Musik: Carl Friedrich Zelter
Text: A. H. Hoffmann von Fallersleben

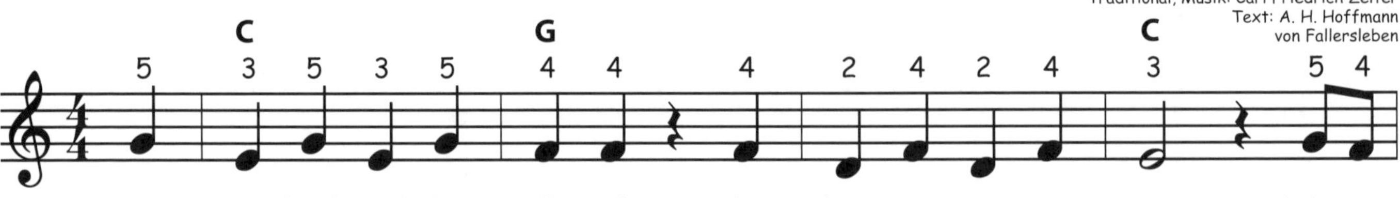

Der Ku-ckuck und der E - sel, die hat - ten ei - nen Streit. Wer__

Zähle: 1 2 3 4 Zähle: 1 2 3 4 u.

G C
3 3 3 3 4 4 4 3 2 2 2 2 3 3 1

wohl am bes - ten sän - ge, wer__ wohl am bes - ten sän - ge, zur

Zähle: 1 2 3 4 u.

G C G C
1 2 3 4 5 4 3 3 2 2 1

schö - nen Mai - en - zeit zur schö - nen Mai - en - zeit.

London Bridge

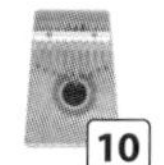

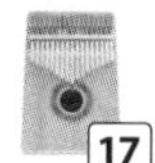

Tempo: ♩ = 120

Traditional

neuer Ton: **a¹**

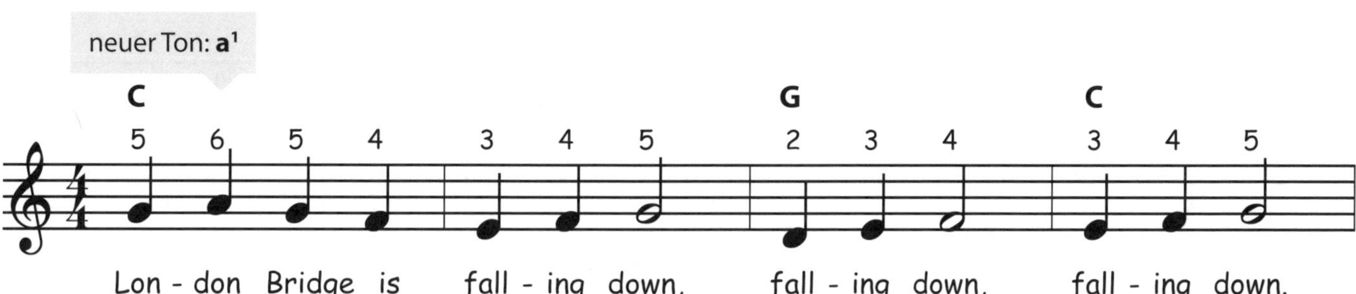

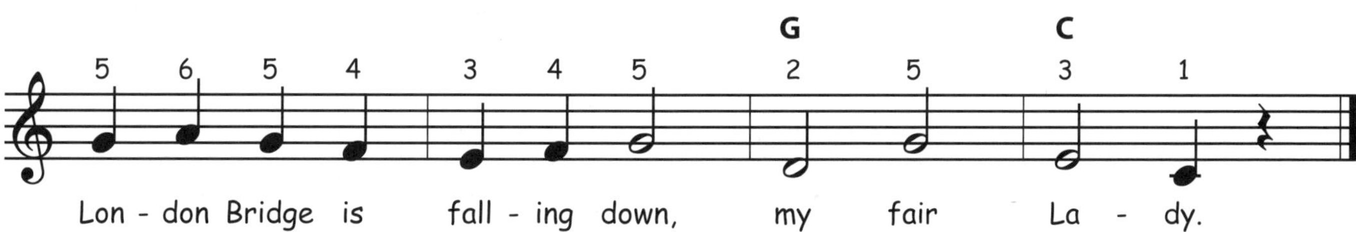

Long Long Ago

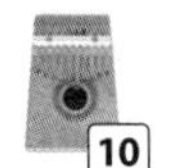

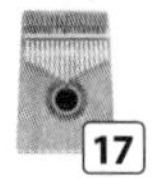

Tempo: ♩ = 160

Traditional, Thomas Haynes Bayly

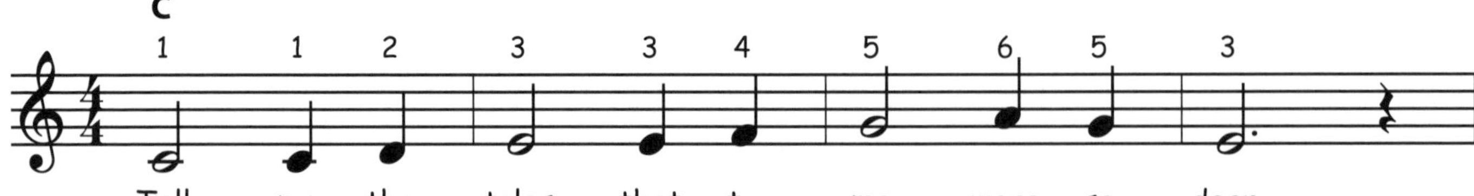

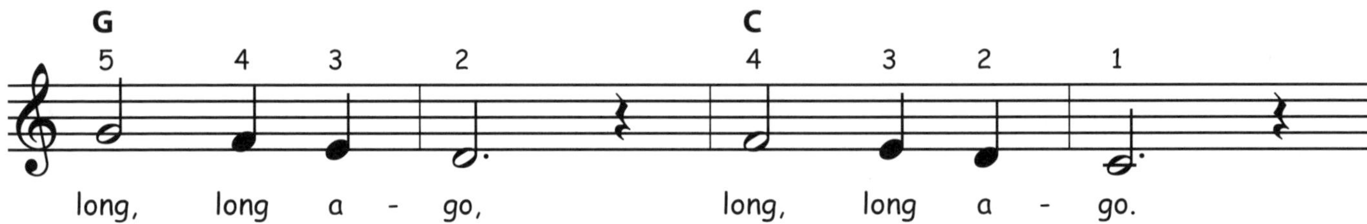

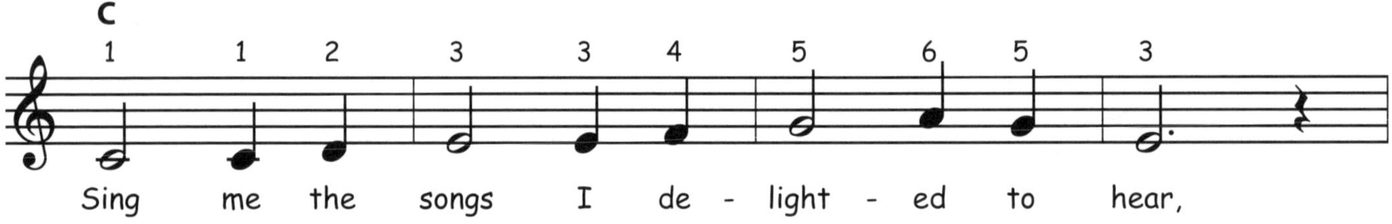

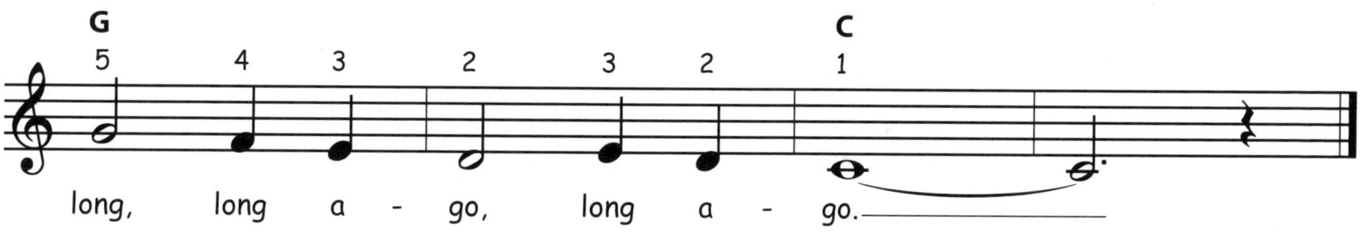

Wiederholungszeichen

Passagen, die in den Noten wiederholt werden müssen, werden durch Wiederholungszeichen gekennzeichnet.

Der Anfang 𝄆 und Schluss 𝄇 kennzeichnen die Passage. Das Anfangszeichen kann weggelassen werden, wenn der Wiederholungsbeginn am Anfang des Liedes liegt und keine anderen Wiederholungszeichen dazwischen liegen.

Banks Of The Ohio

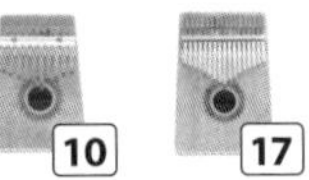

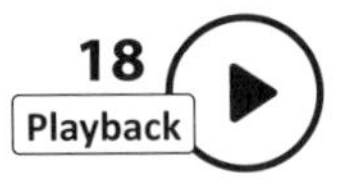

Tempo: ♩ = 120

Traditional

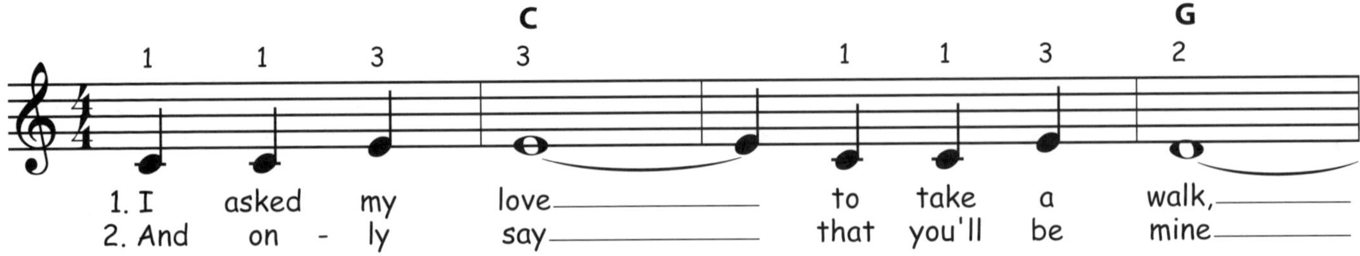

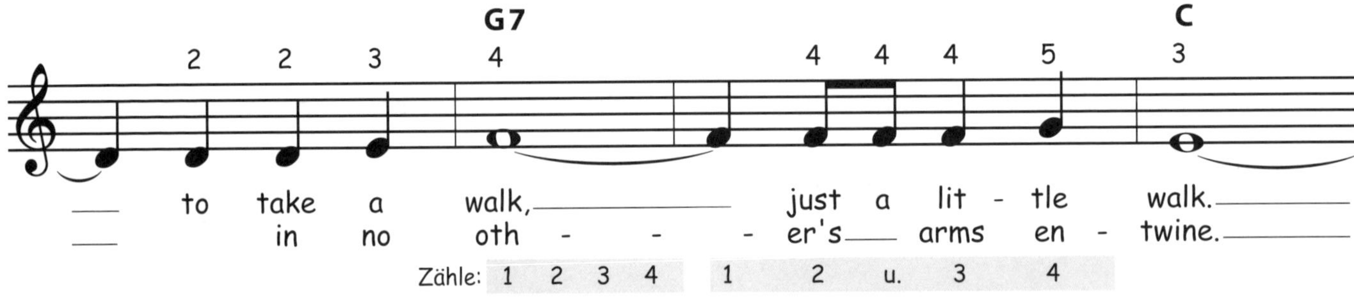

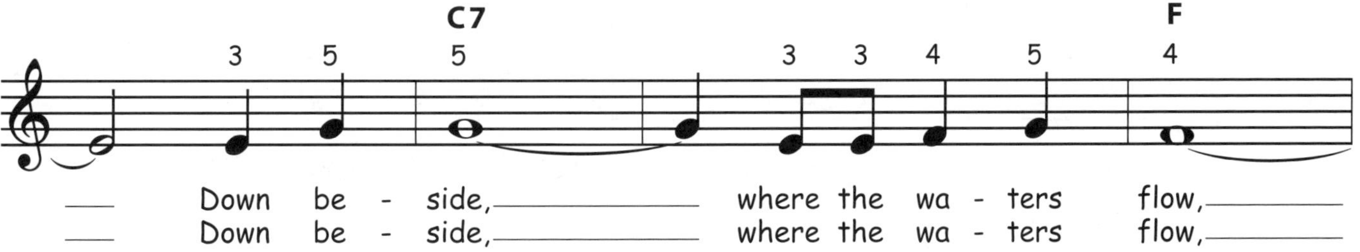
C7
F
3 5 5 3 3 4 5 4
Down be - side, where the wa - ters flow,
Down be - side, where the wa - ters flow,

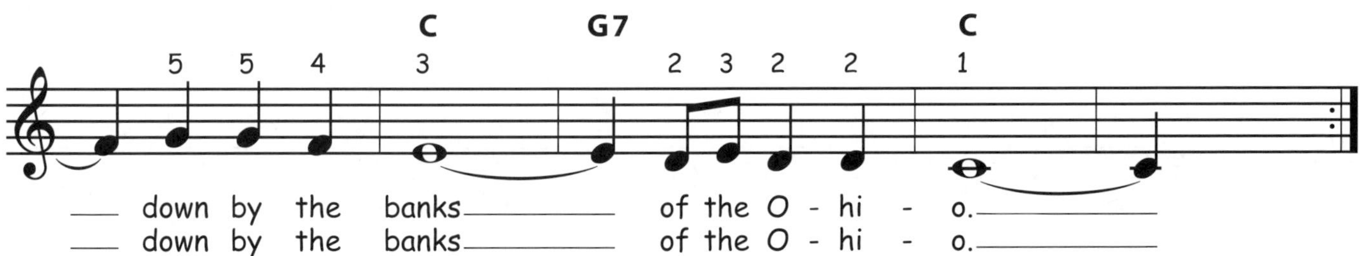
C
G7
C
5 5 4 3 2 3 2 2 1
down by the banks of the O - hi - o.
down by the banks of the O - hi - o.

This Old Man

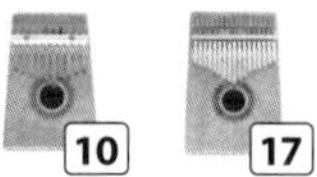

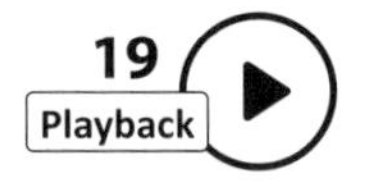

Tempo: ♩ = 65

Traditional

C / F

5 3 5 | 5 3 5 | 6 5 4 3

1. This old man, he played one, he played nick - nack

G7 / C

2 3 4 3 4 | 5 1 1 1 1

on my drum. He played nick - nack, pad - dy whack,

G7 / C

1 2 3 4 5 | 5 2 2 4 | 3 2 1

give a dog a bone, this old man came rol - ling home.

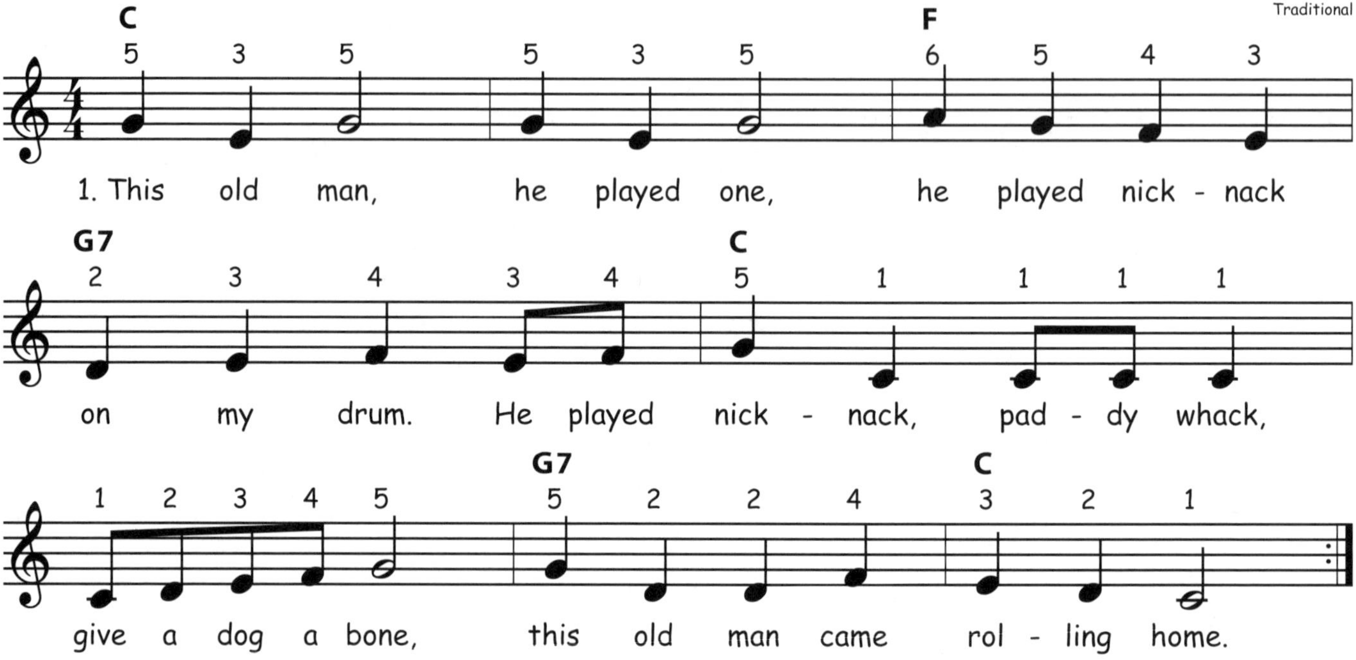

2. This old man, he played two, he played nick-nack on my shoe. He played ...
3. This old man, he played three, he played nick-nack on my knee. He played ...
4. This old man, he played four, he played nick-nack on my door. He played ...

Alle meine Entchen

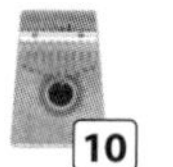

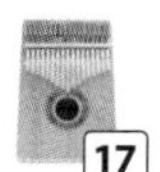

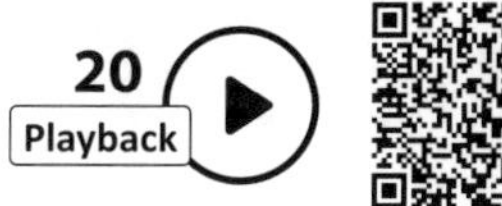

Tempo: ♩ = 120

Traditional

C F
1 2 3 4 | 5 5 | 6 6 6 6
Al - le mei - ne Ent - chen schwim - men auf dem

C F C G
5 | 6 6 6 6 | 5 | 4 4 4 4
See, schwim - men auf dem See. Köpf - chen in das

C G C
3 3 | 2 2 2 2 | 1
Was - ser, Schwänz - chen in die Höh'.

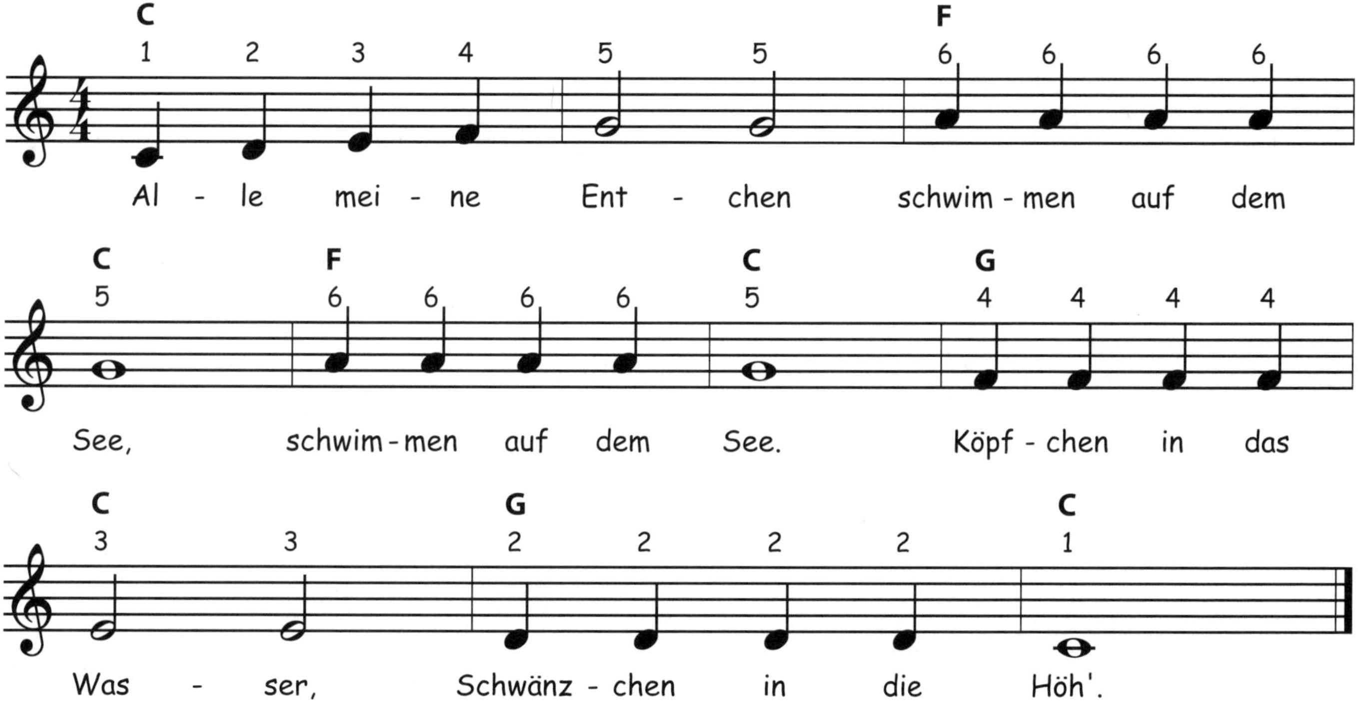

Michael, Row The Boat Ashore

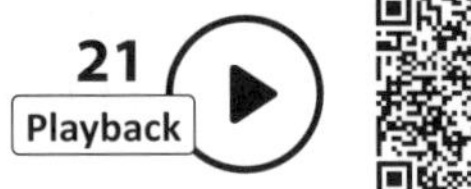

Tempo: ♩ = 120

Traditional

Punktierte Note ♩. = ♪+♪+♪

10 17

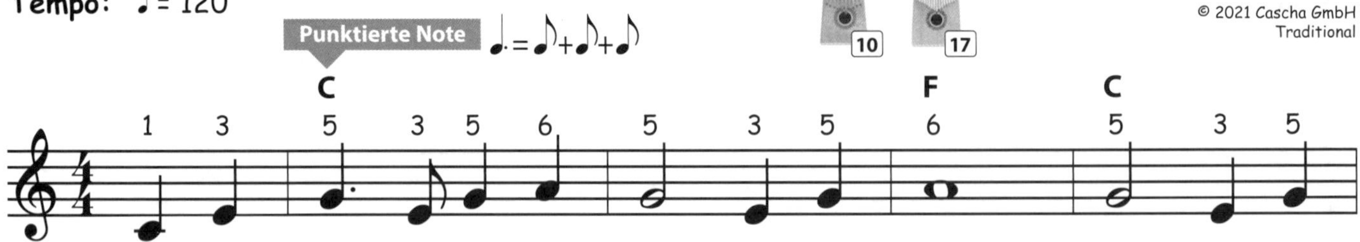

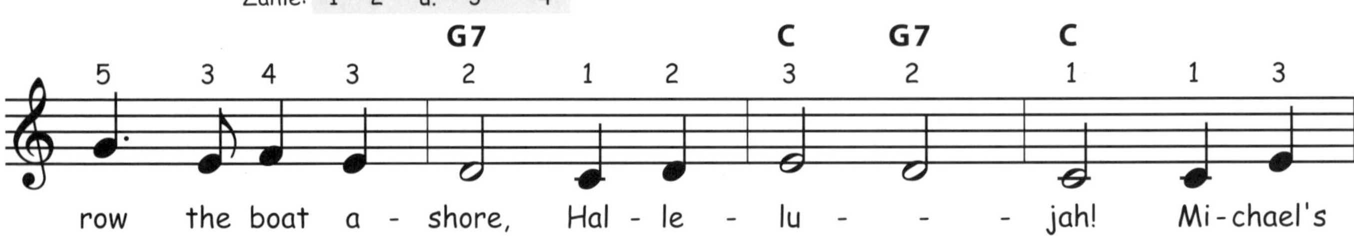

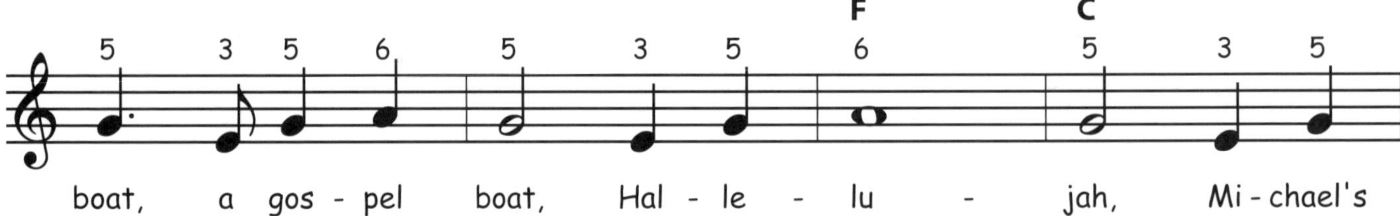

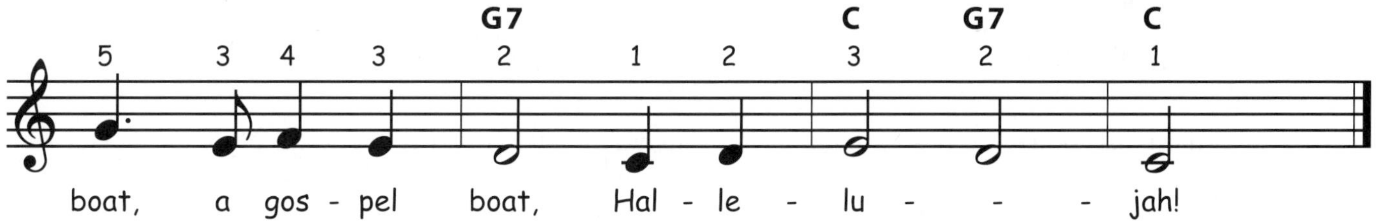

Die Taktart-Angaben

Der 4/4-Takt wird in der Regel in der Notenschrift auch durch das Symbol 𝄴 angegeben.
Neben diesem Zeichen wird sehr oft der **Alla-Breve-Takt** verwendet. Es handelt sich dabei um einen $\frac{2}{2}$ - Takt, d.h. statt der Viertel werden die Halben zur Zählzeit. Als Symbol für den $\frac{2}{2}$ - Takt schreibt man das Zeichen 𝄵, z. B.:

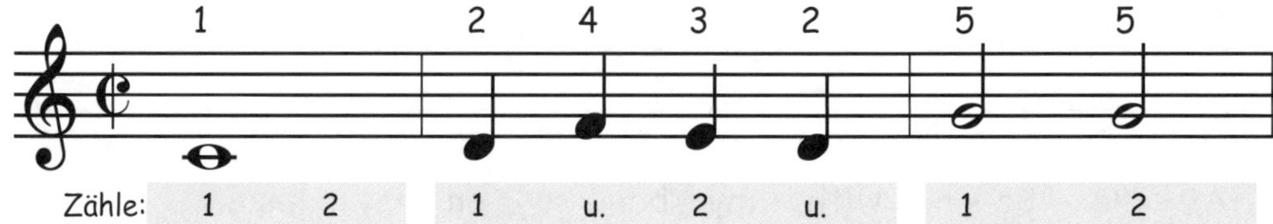

Die Taktklammer

Manchmal variiert das Ende einer Wiederholung, wofür man die Taktklammer verwendet. Folgender Ablauf entsteht dadurch, z.B. im Song **„Oh Susanna"**: Man spielt das Stück bis zum „:‖-Zeichen" in der 1. Klammer und beginnt wieder am Wiederholungsanfangszeichen ‖:. Im folgenden Ablauf überspringt man dann die Takte unter der 1. Klammer und spielt in der 2. Klammer direkt bis zum Schluss weiter.

Oh Susanna

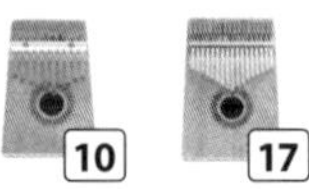

22 Playback

Tempo: ♩ = 155

Traditional, Stephen Foster

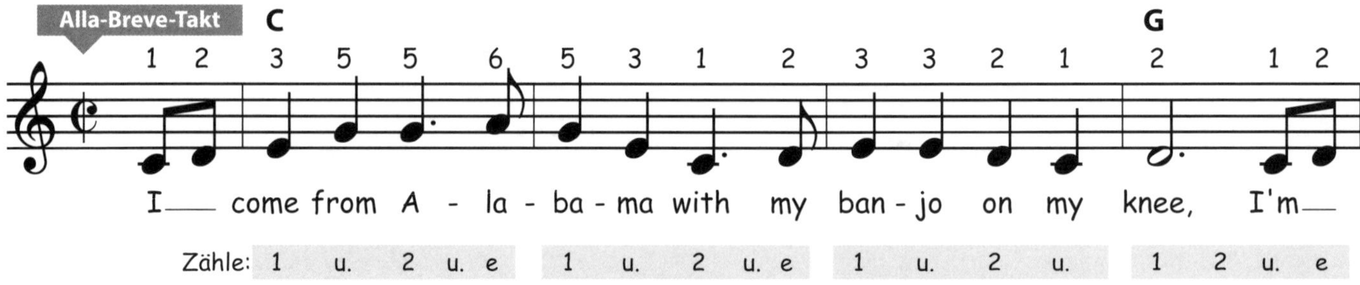

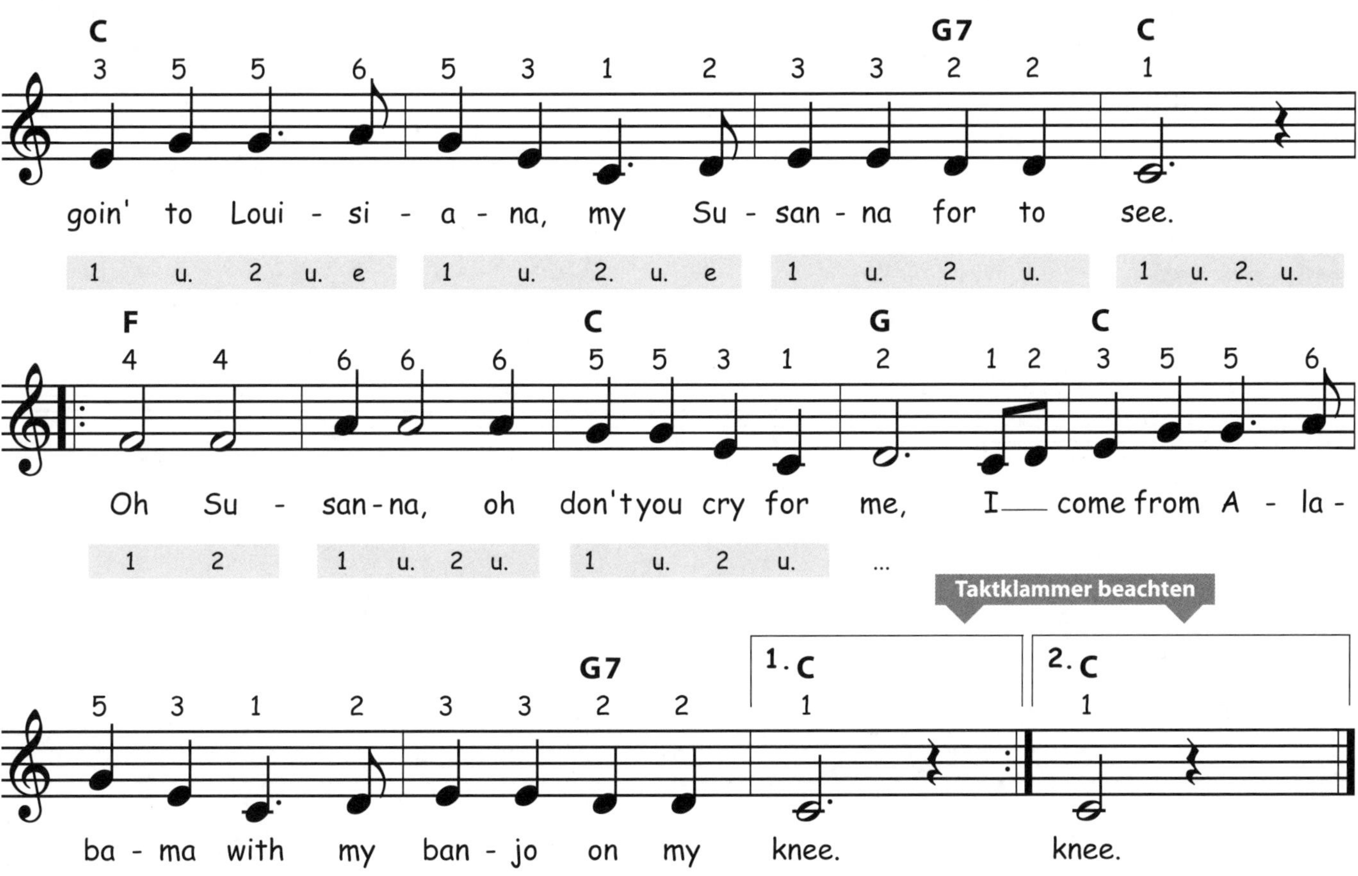
C
G7
C
3 5 5 6 5 3 1 2 3 3 2 2 1
goin' to Loui - si - a - na, my Su - san - na for to see.
1 u. 2 u. e
1 u. 2. u. e
1 u. 2 u.
1 u. 2. u.
F
C
G
C
4 4 6 6 6 5 5 3 1 2 1 2 3 5 5 6
Oh Su - san - na, oh don't you cry for me, I come from A - la -
1 2
1 u. 2 u.
1 u. 2 u.
...
Taktklammer beachten
G7
1. C
2. C
5 3 1 2 3 3 2 2 1 1
ba - ma with my ban - jo on my knee. knee.

Cancan

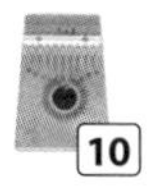

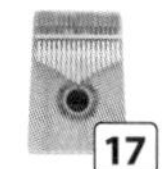

Tempo: ♩ = 85

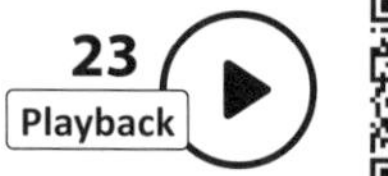

Traditional, Jacques Offenbach

Hier gibt es zwei neue Töne: C und H.

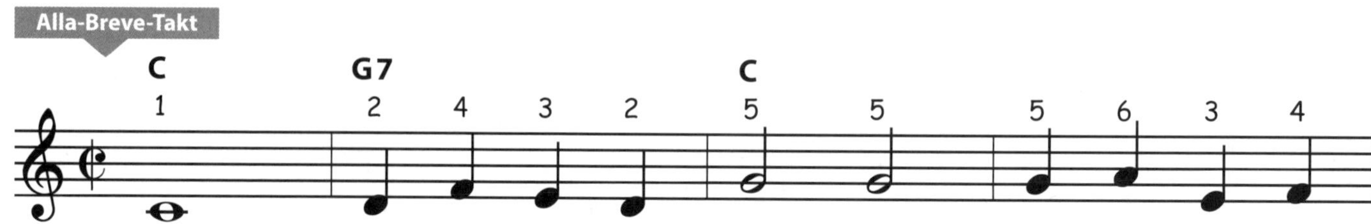

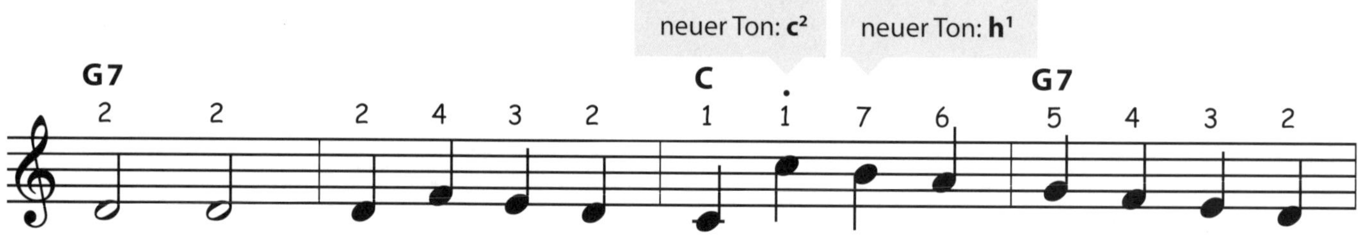

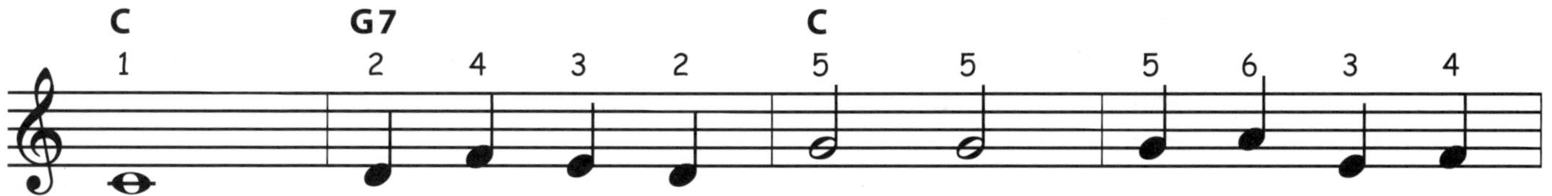
C
G7
C
1
2 4 3 2
5 5
5 6 3 4

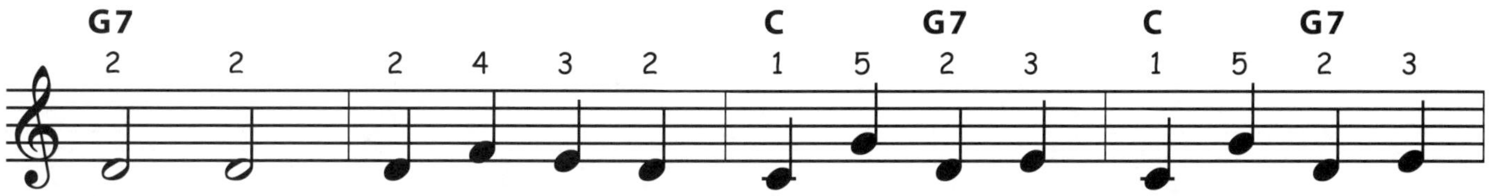
G7
C
G7
C
G7
2 2
2 4 3 2
1 5 2 3
1 5 2 3

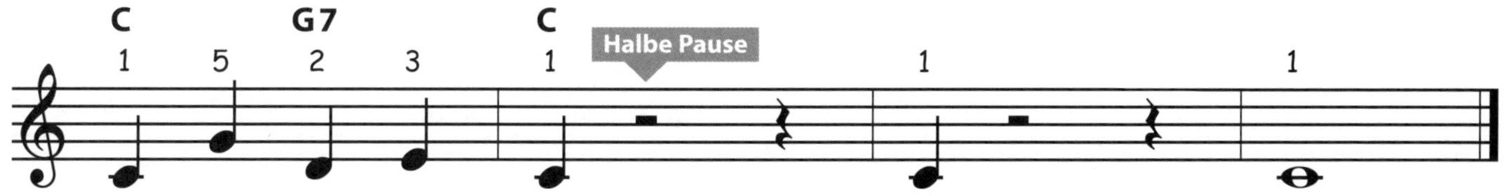
C
G7
C
Halbe Pause
1 5 2 3
1
1
1

Der Bindebogen

Der Bindebogen bedeutet, dass die damit gekennzeichneten Noten gebunden gespielt werden. Man macht keine hörbare Pause zwischen den Noten: Du lässt den vorherigen Ton also erst dann los, wenn du die zweite Note anschlägst.

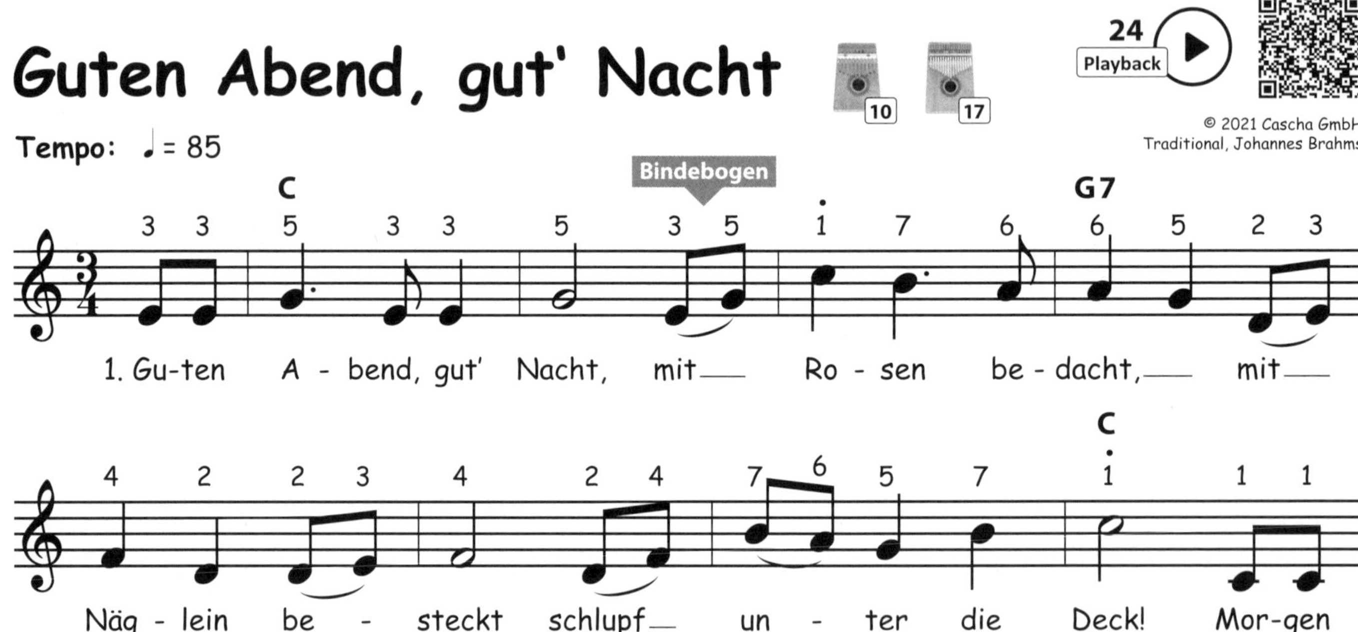

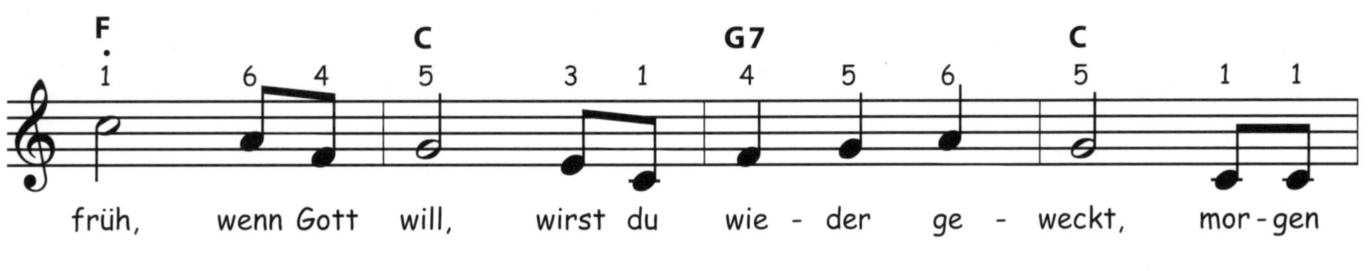

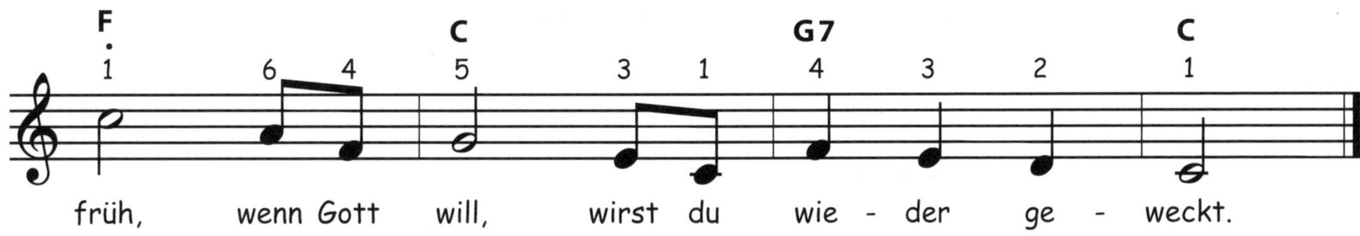

2. Guten Abend, gut' Nacht,
von Englein bewacht,
die zeigen im Traum
dir Christkindleins Baum.

Schlaf nun selig und süß,
schau im Traum 's Paradies,
schlaf nun selig und süß,
schau im Traum 's Paradies.

Swanee River

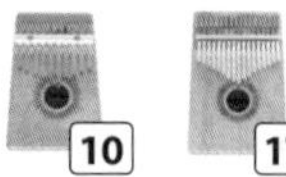

Tempo: ♩ = 160

Traditional, Stephen Foster

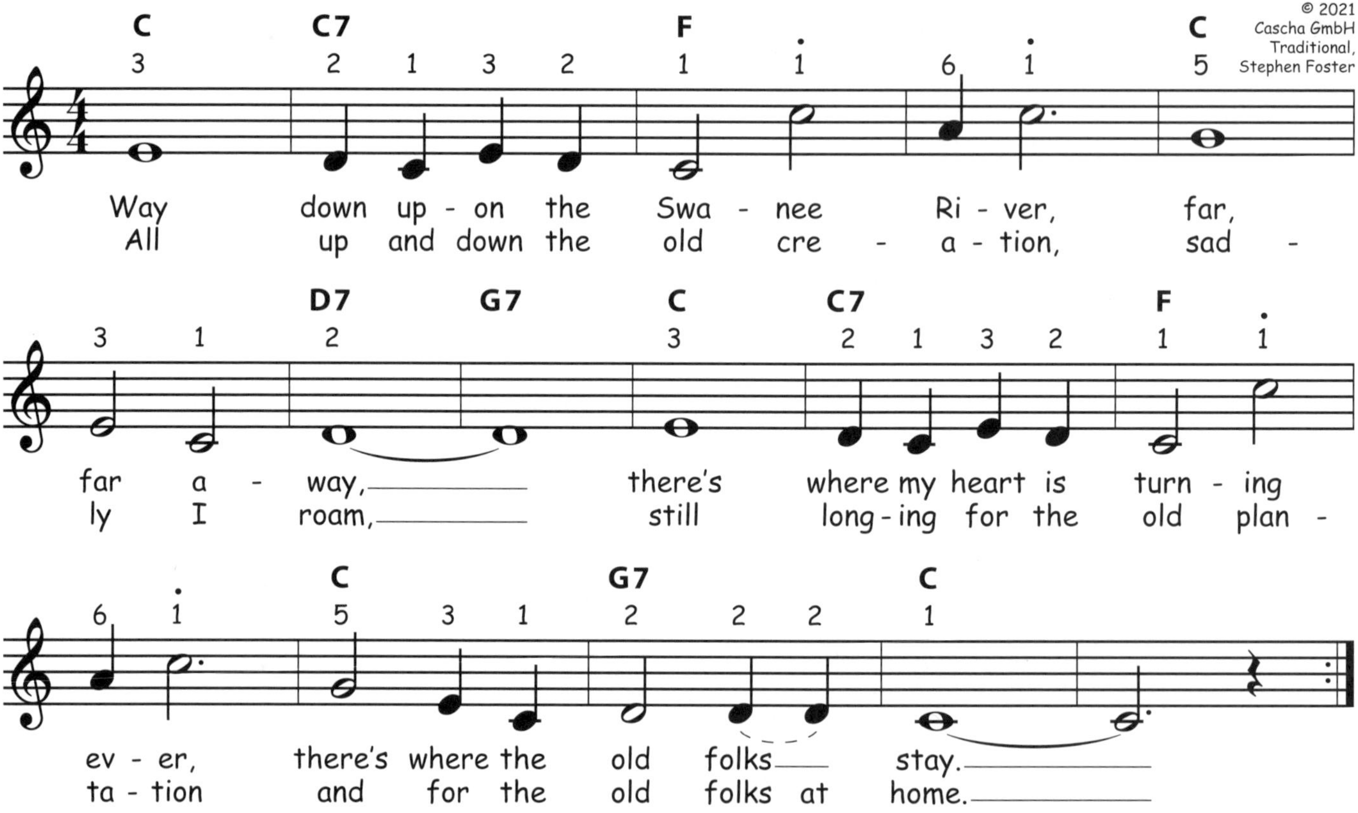

C C7 F C
3 2 1 3 2 1 1̇ 6 1̇ 5

Way down up - on the Swa - nee Ri - ver, far,
All up and down the old cre - a - tion, sad -

D7 G7 C C7 F
3 1 2 3 2 1 3 2 1 1̇

far a - way, there's where my heart is turn - ing
ly I roam, still long - ing for the old plan -

C G7 C
6 1̇ 5 3 1 2 2 2 1

ev - er, there's where the old folks stay.
ta - tion and for the old folks at home.

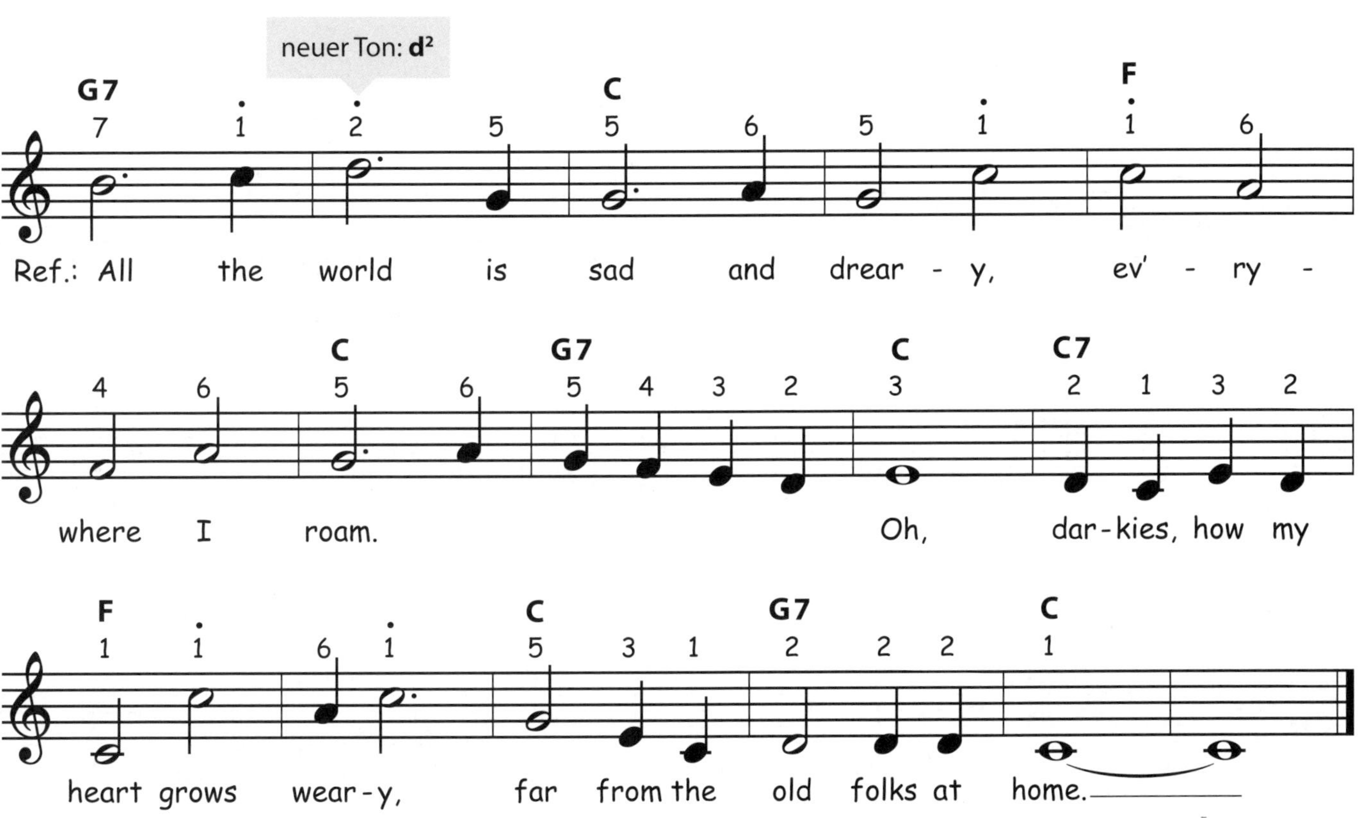

neuer Ton: **d²**
G7 C F
7 1 2 5 5 6 5 1 1 6
Ref.: All the world is sad and drear - y, ev' - ry -
C G7 C C7
4 6 5 6 5 4 3 2 3 2 1 3 2
where I roam. Oh, dar-kies, how my
F C G7 C
1 1 6 1 5 3 1 2 2 2 1
heart grows wear-y, far from the old folks at home.

Backwater Blues

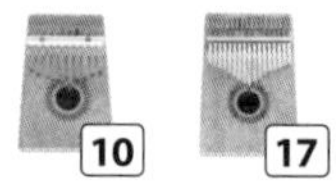

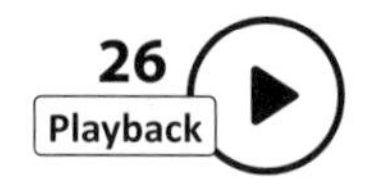

Tempo: ♩ = 105

Traditional, Bessie Smith

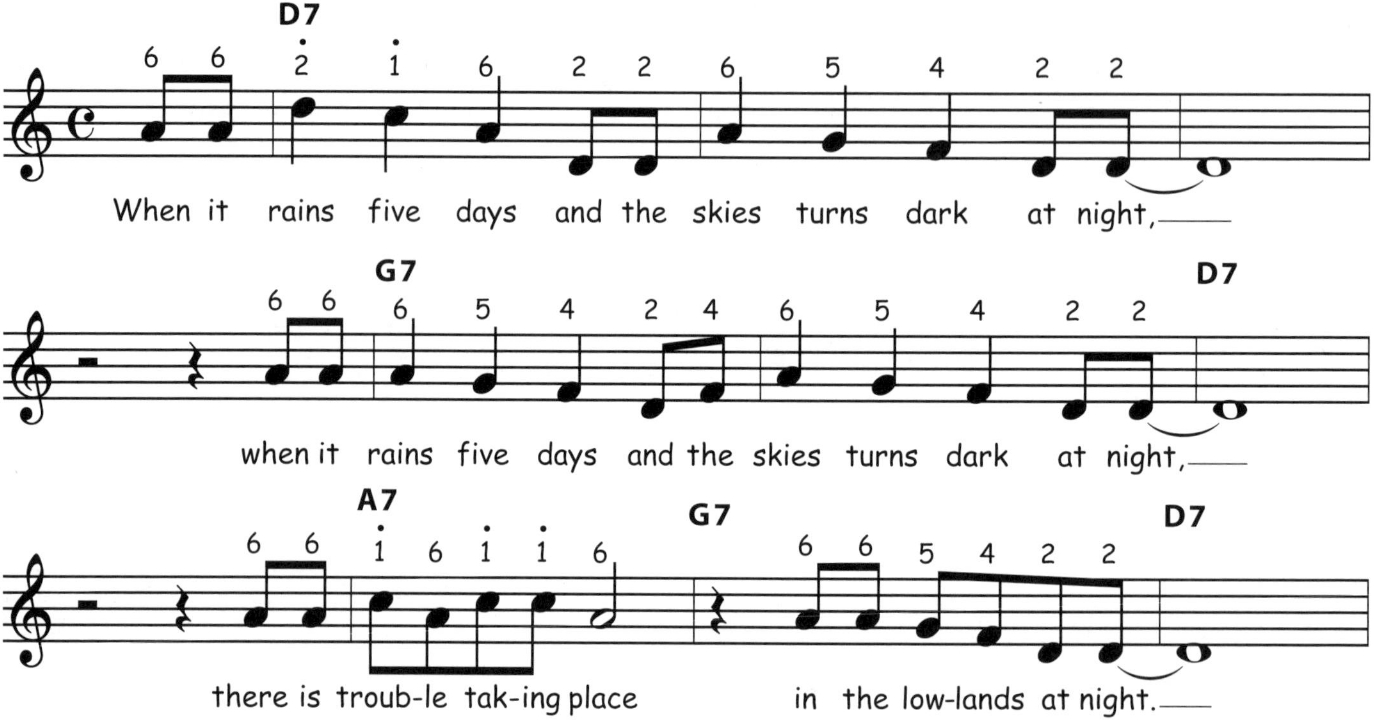

D7

6 6 2̇ 1̇ 6 2 2 6 5 4 2 2

When it rains five days and the skies turns dark at night, ___

G7 D7

6 6 6 5 4 2 4 6 5 4 2 2

when it rains five days and the skies turns dark at night, ___

A7 G7 D7

6 6 1̇ 6 1̇ 1̇ 6 6 6 5 4 2 2

there is troub-le tak-ing place in the low-lands at night. ___

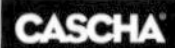

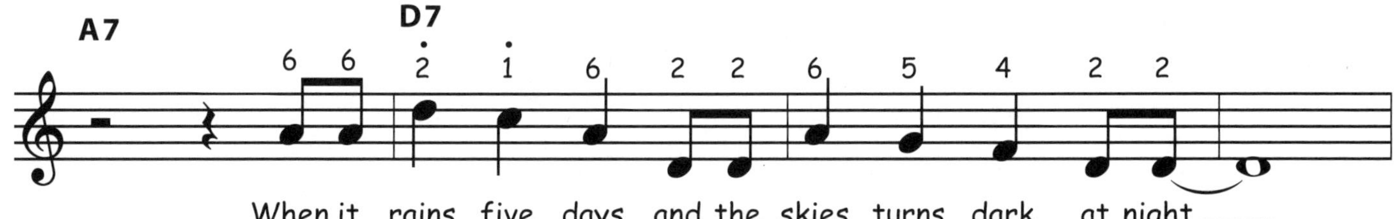
A7
D7
6 6 2 1 6 2 2 6 5 4 2 2
When it rains five days and the skies turns dark at night,

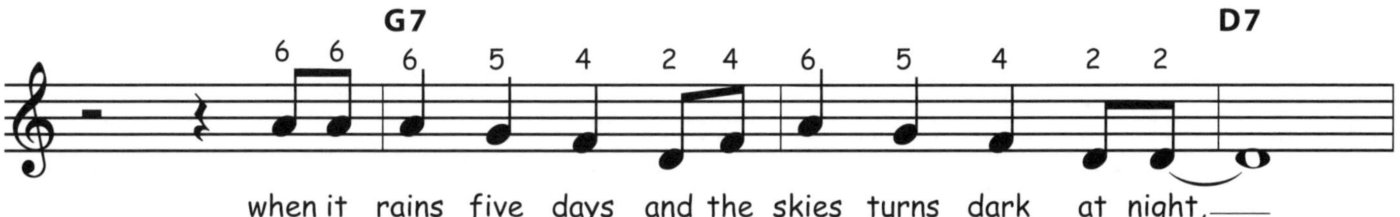
G7
D7
6 6 6 5 4 2 4 6 5 4 2 2
when it rains five days and the skies turns dark at night,

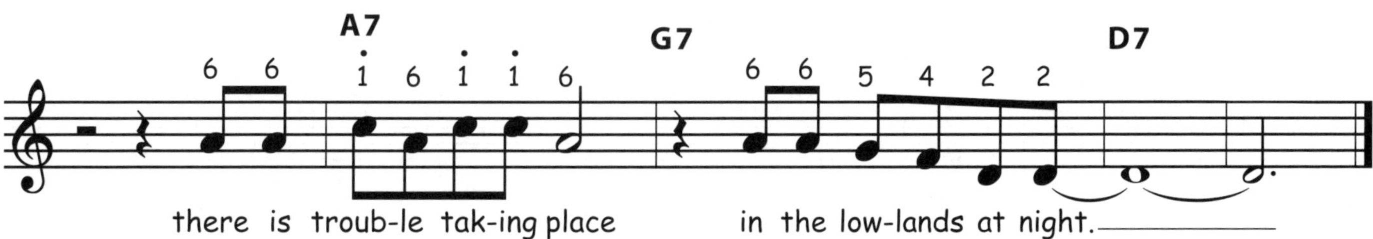
A7
G7
D7
6 6 1 6 1 1 6 6 6 5 4 2 2
there is troub-le tak-ing place in the low-lands at night.

On Top Of Old Smoky

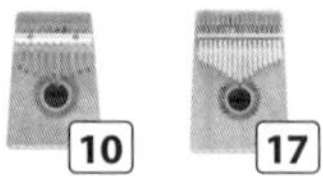

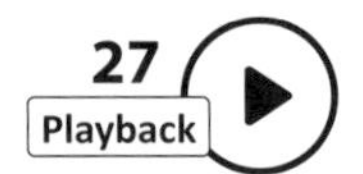

Tempo: ♩ = 140

Traditional

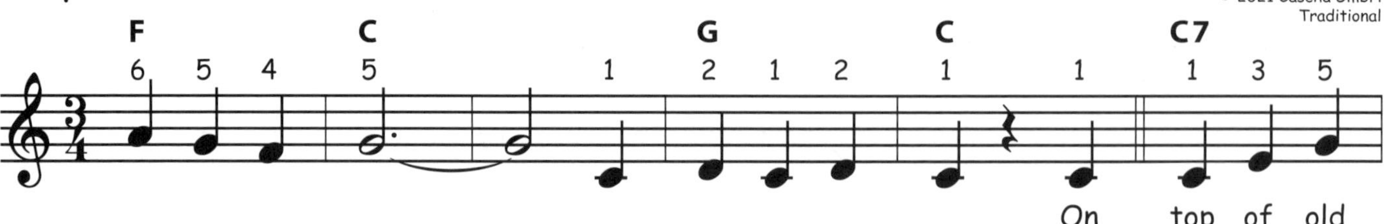

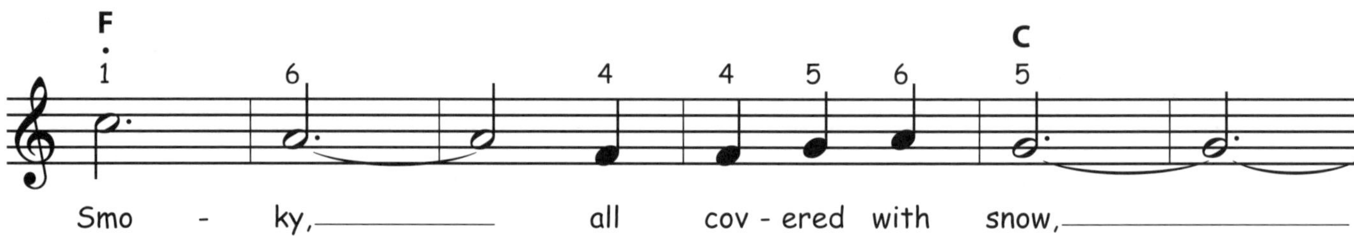

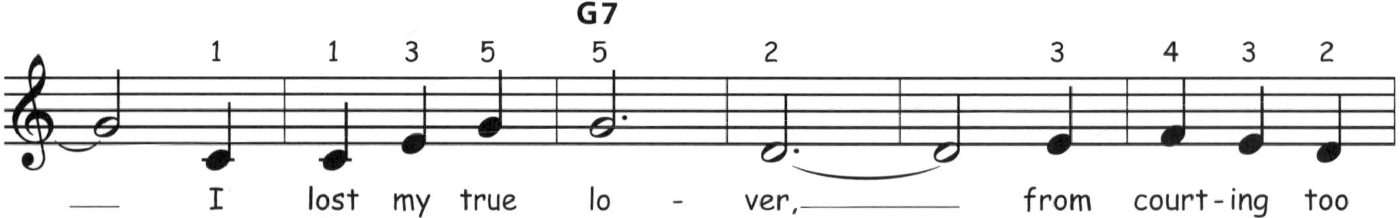

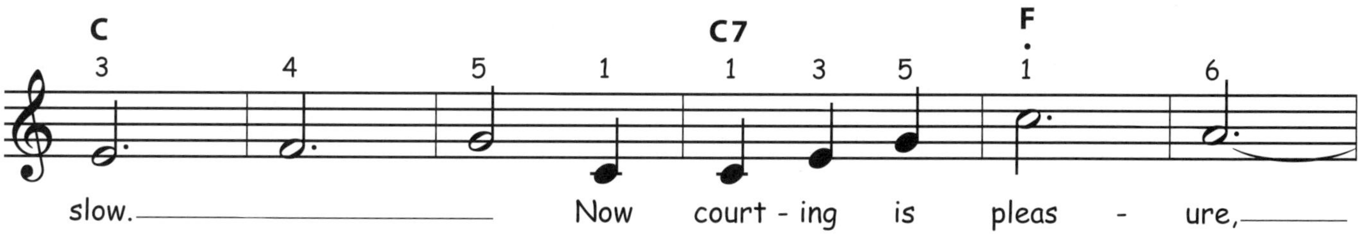
C
C7
F
3
4
5
1
1
3
5
1
6
slow.
Now
court - ing
is
pleas
-
ure,

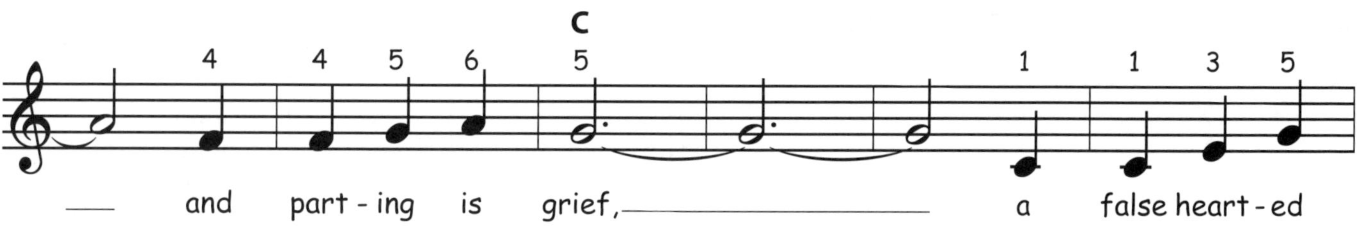
C
4
4
5
6
5
1
1
3
5
and
part - ing
is
grief,
a
false heart - ed

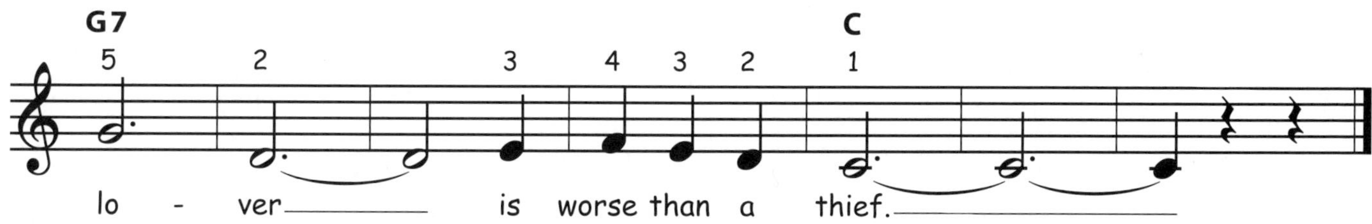
G7
C
5
2
3
4
3
2
1
lo
-
ver
is
worse than
a
thief.

Over In The Gloryland

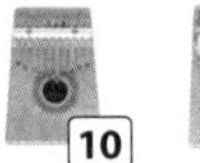

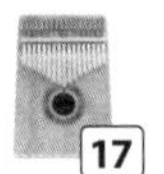

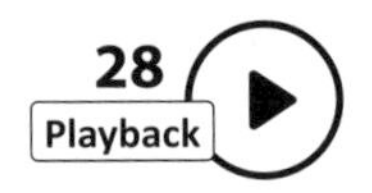

Tempo: 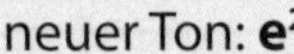

Traditional

neuer Ton: **e²**

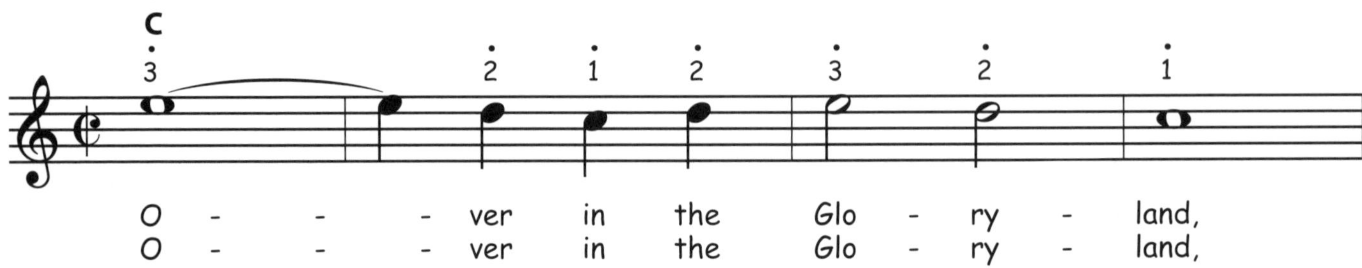

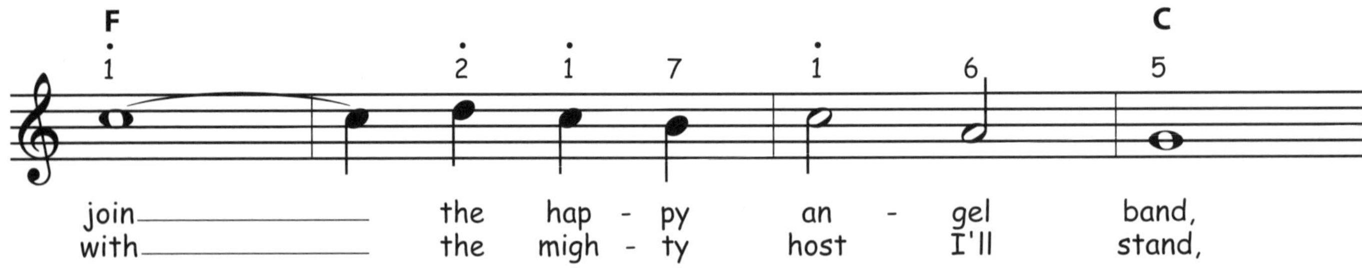

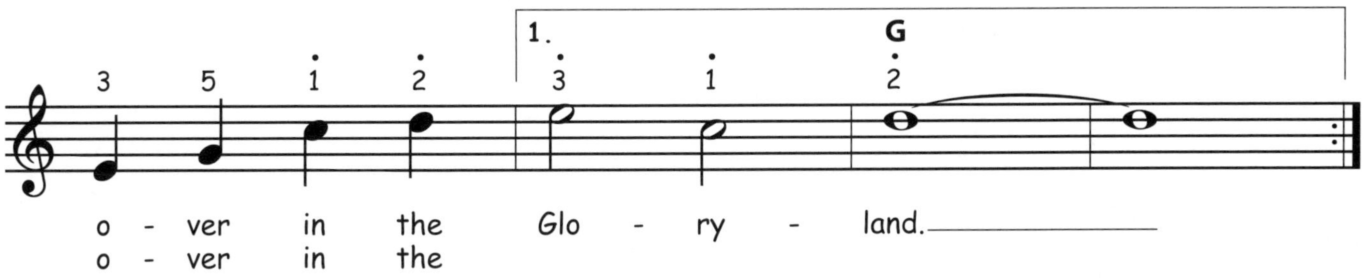
1.
G
3
5
1
2
3
1
2
o - ver in the Glo - ry - land.
o - ver in the

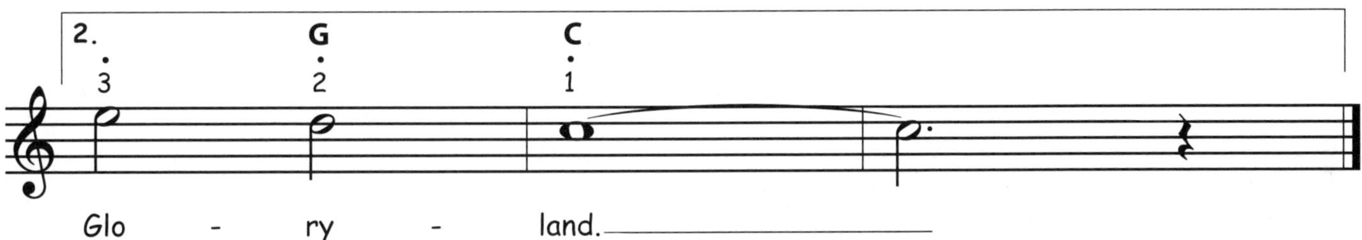
2.
G
C
3
2
1
Glo - ry - land.

Die letzte Rose

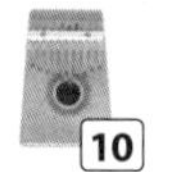

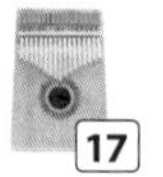

Tempo: ♩ = 70

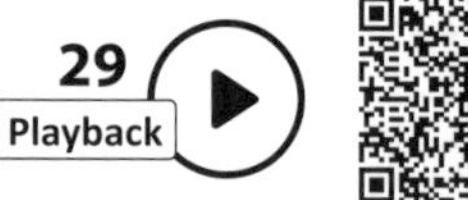

Traditional, Friedrich von Flotow

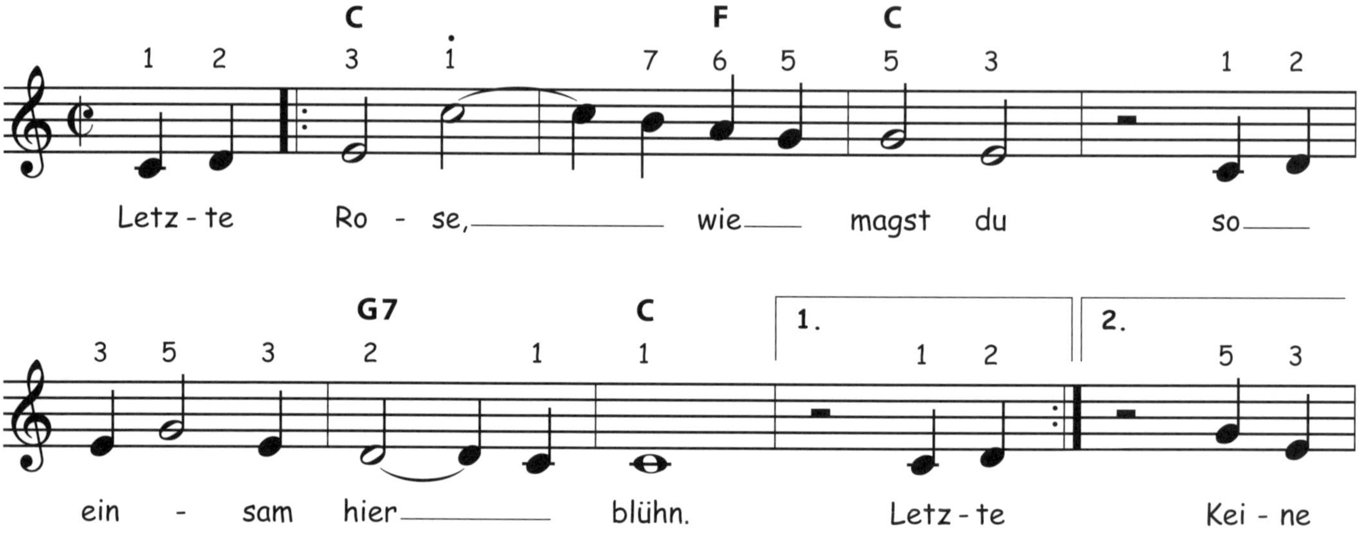

C F C
1 2 3 i 7 6 5 5 3 1 2
Letz - te Ro - se, wie magst du so

G7 C 1. 2.
3 5 3 2 1 1 1 2 5 3
ein - sam hier blühn. Letz - te Kei - ne

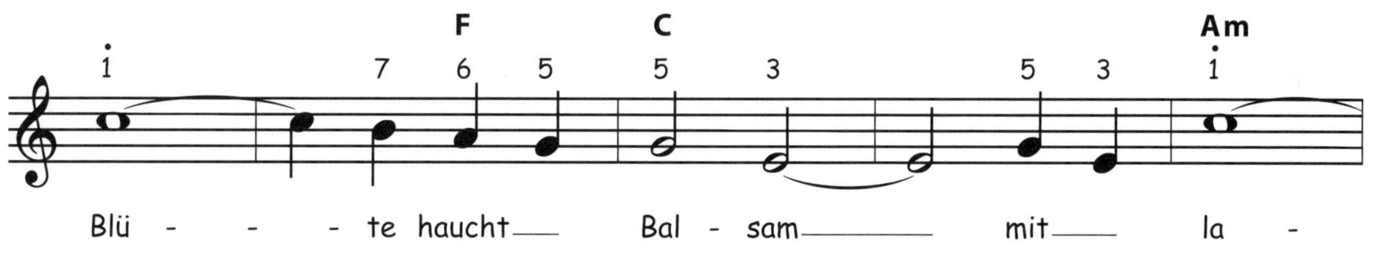
F C Am
1 7 6 5 5 3 5 3 1
Blü - - - te haucht Bal - sam mit la -

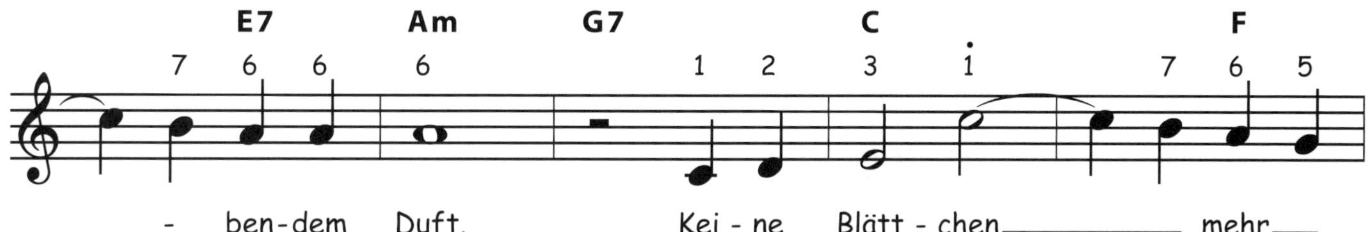
E7 Am G7 C F
7 6 6 6 1 2 3 1 7 6 5
- ben-dem Duft. Kei - ne Blätt - chen mehr

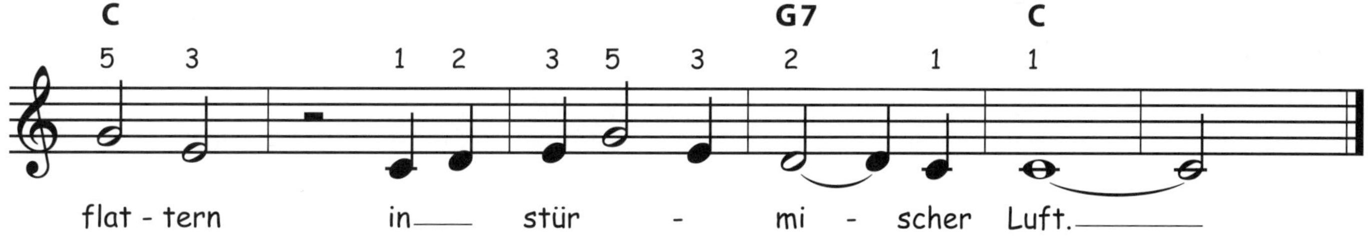
C G7 C
5 3 1 2 3 5 3 2 1 1
flat - tern in stür - mi - scher Luft.

Oh My Darling Clementine

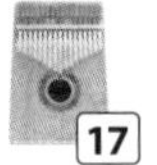

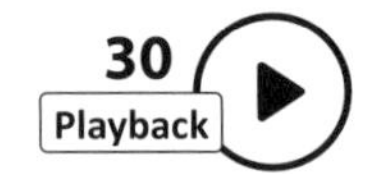

Tempo: ♩ = 160

Traditional

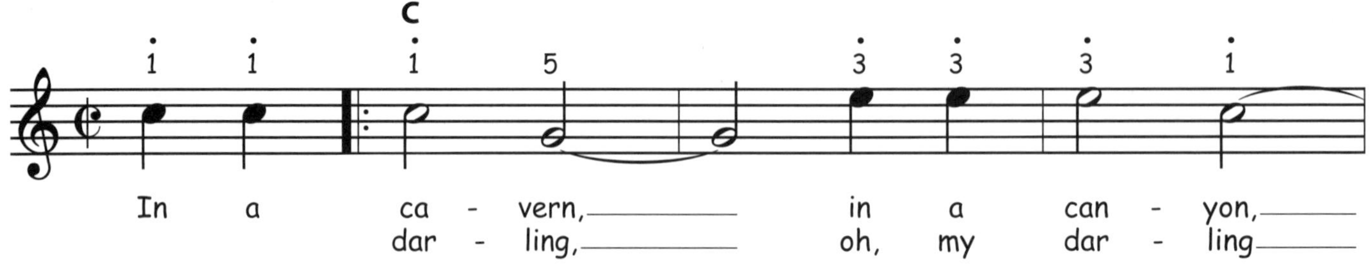

neuer Ton: **g²**

neuer Ton: **f²**

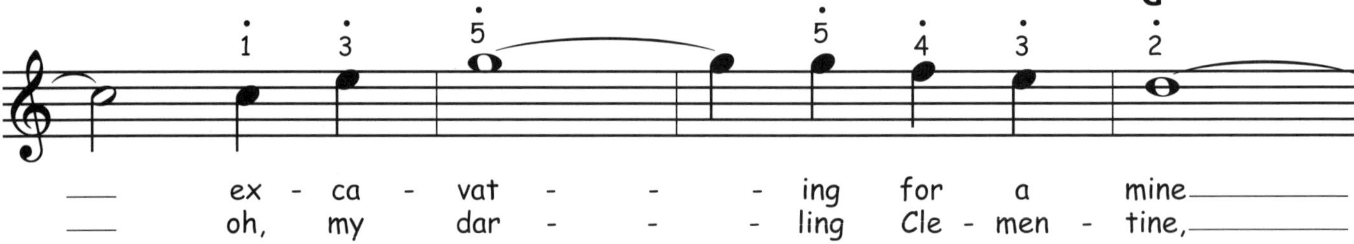

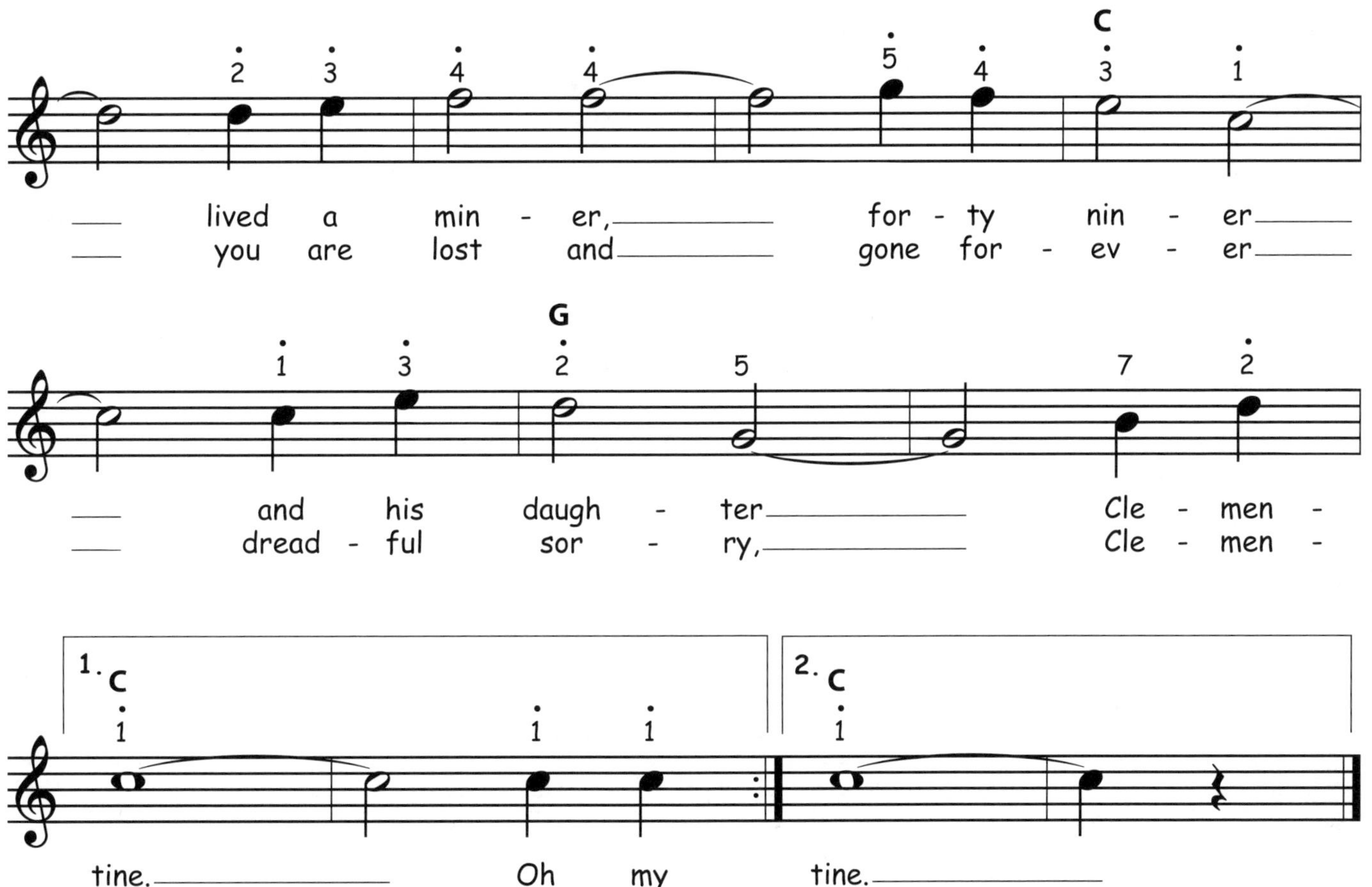
C
2 3 4 4 5 4 3 1
lived a min - er, for - ty nin - er
you are lost and gone for - ev - er
G
1 3 2 5 7 2
and his daugh - ter Cle - men -
dread - ful sor - ry, Cle - men -
1. C
1 1 1
tine. Oh my
2. C
1
tine.

Skip To My Lou

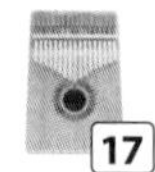

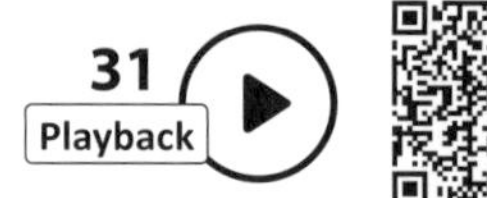

Tempo: ♩ = 110

Traditional

C, G, C, G7, C

3 3 3 1 1 1 | 3 3 5 | 2 2 2 7 7 7

1. Flies in the but-ter-milk, shoo, fly, shoo, flies in the but-ter-milk,

2 2 4 | 3 3 3 1 1 1 | 3 3 5

shoo, fly, shoo, flies in the but-ter-milk, shoo, fly, shoo,

2 3 4 3 2 | 1 1 | 3 1

skip to my Lou, my dar - ling. Skip, skip,

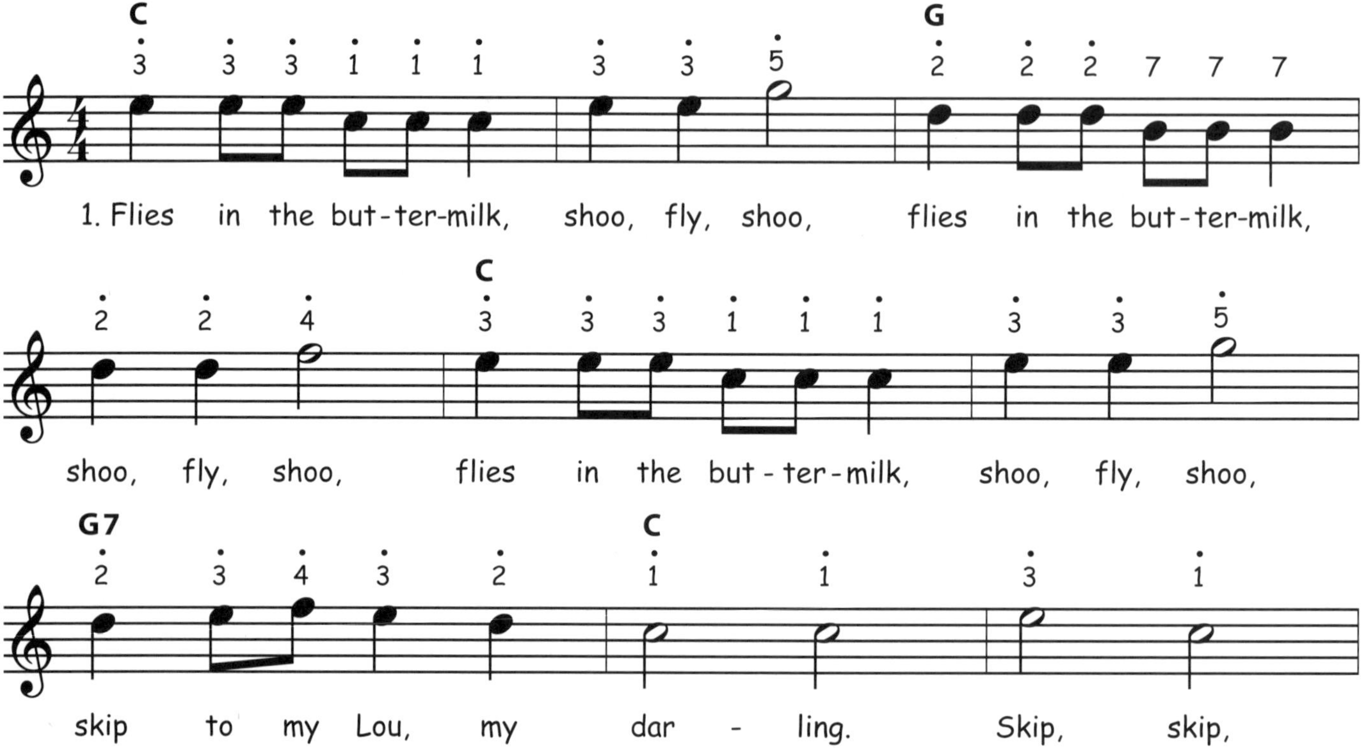

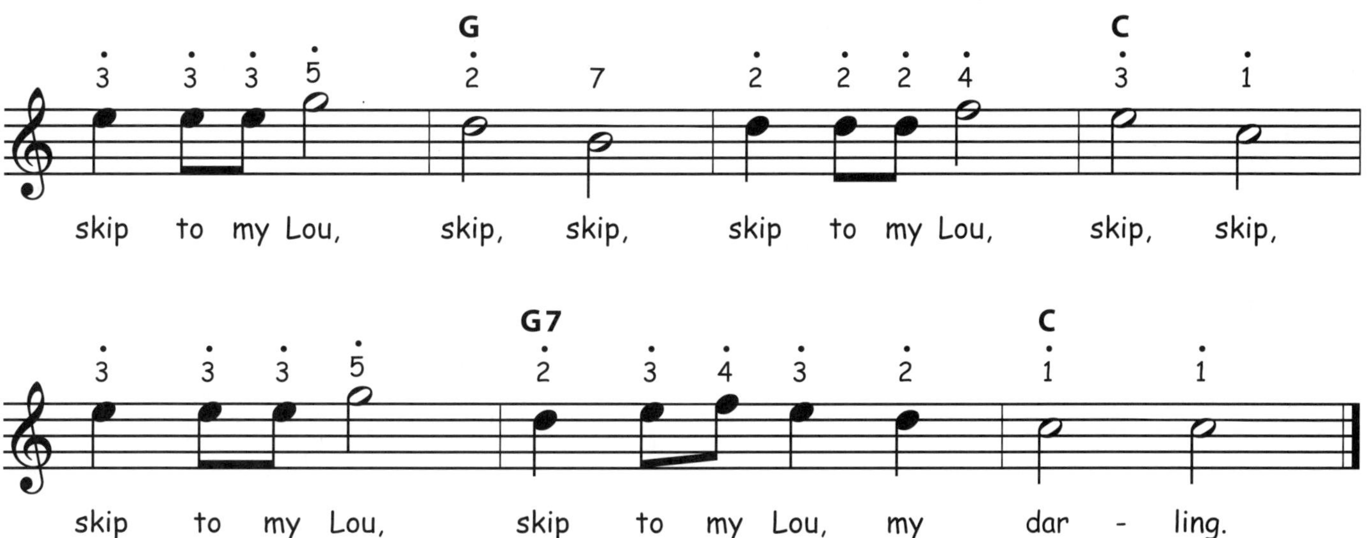

2. Cats in the cream jar, ooh, ooh, ooh,
cats in the cream jar, ooh, ooh, ohh,
cats in the cream jar, ooh, ooh, ohh,
skip to my Lou, my darling.
Skip, skip, ...

3. Off to Texas, two by two,
off to Texas, two by two,
off to Texas, two by two,
skip to my Lou, my darling.
Skip, skip, ...

Red River Valley

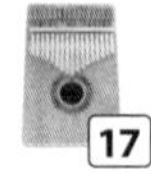

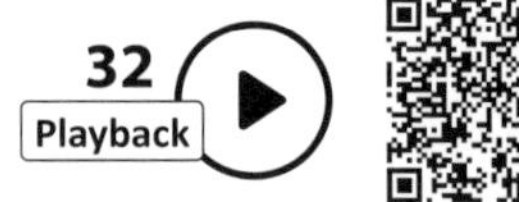

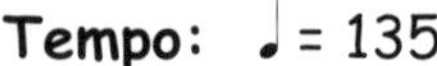

Traditional

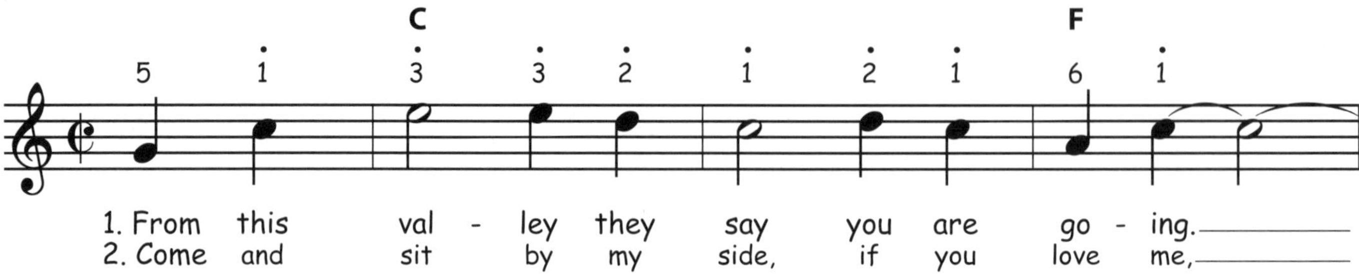

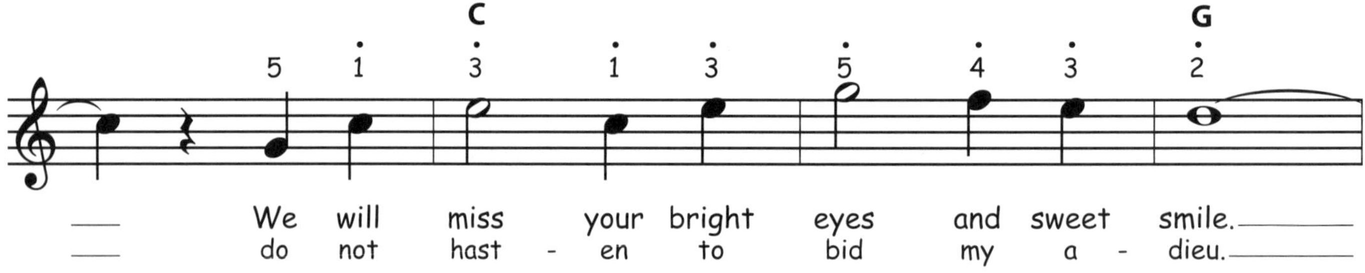

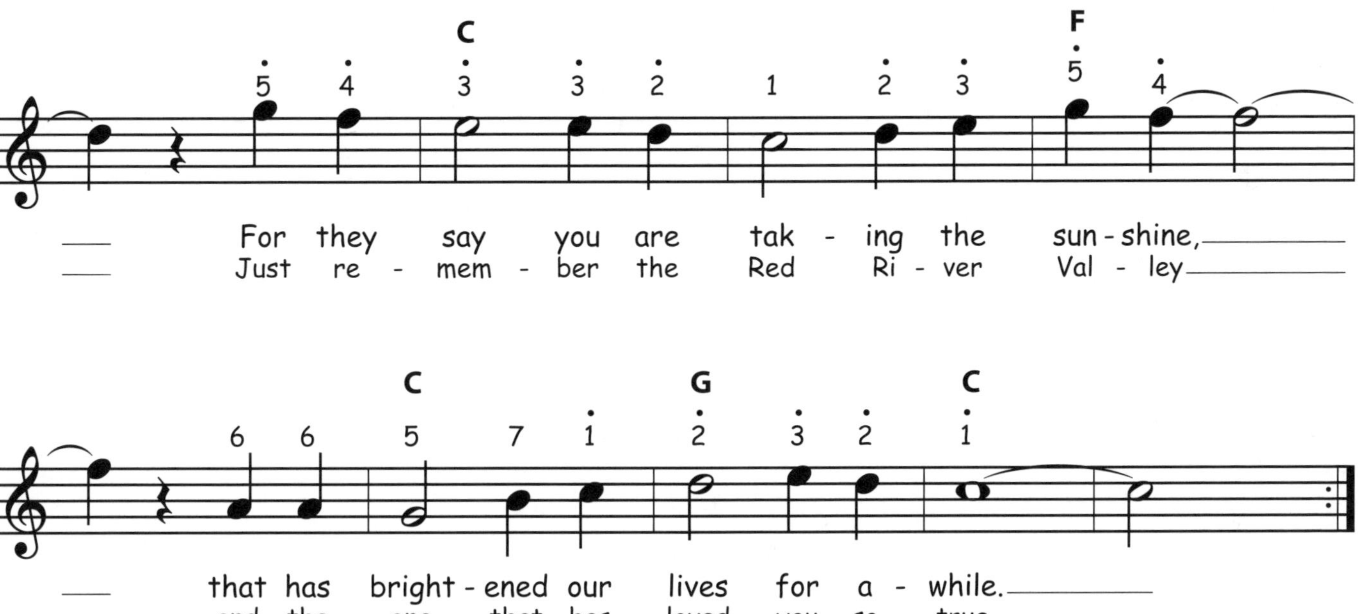
C
F
5 4 3 3 2 1 2 3 5 4
For they say you are tak - ing the sun - shine,
Just re - mem - ber the Red Ri - ver Val - ley
C
G
C
6 6 5 7 1 2 3 2 1
that has bright - ened our lives for a - while.
and the one that has loved you so true.

Yankee Doodle

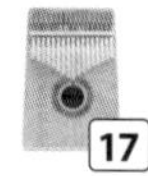

Tempo: ♩ = 80

Traditional

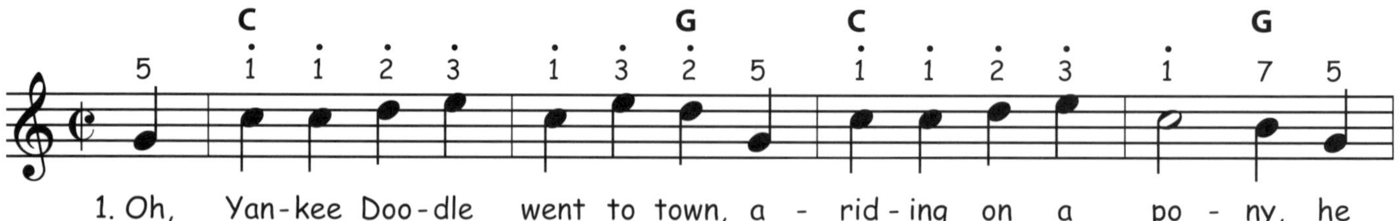

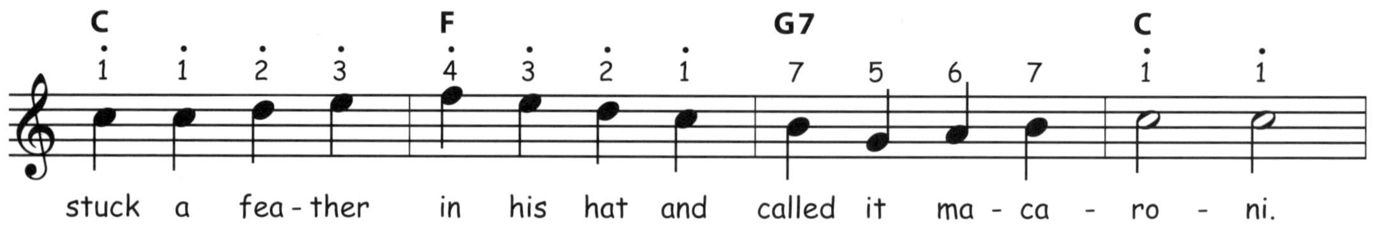

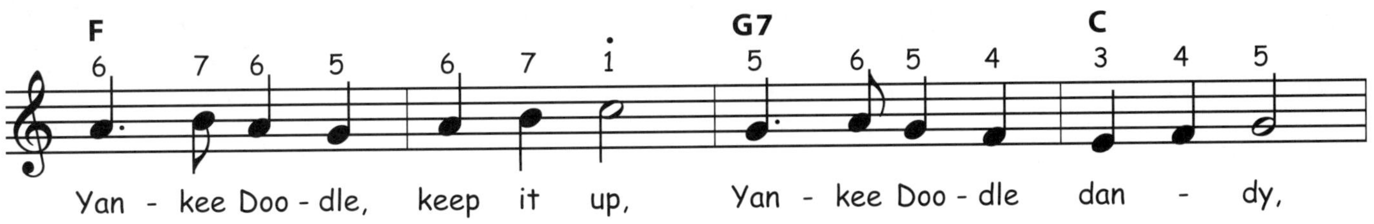

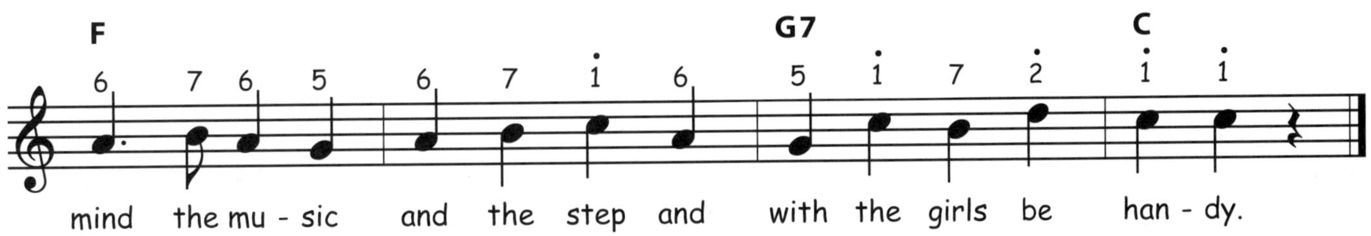

2. Father and I went down to camp,
along with Captain Gooding;
and there we saw the men and boys
as thick as hasty pudding.

Yankee Doodle ...

3. There was Captain Washington
upon a slapping stallion,
giving orders to his men,
I guess there was a million.

Yankee Doodle ...

Old Mac Donald Had A Farm

Tempo: ♩ = 70

Traditional

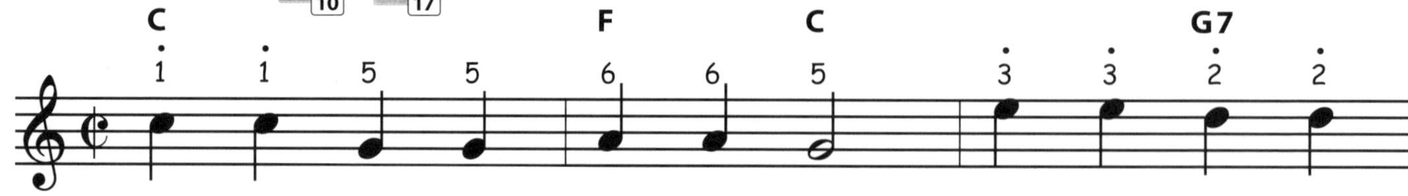

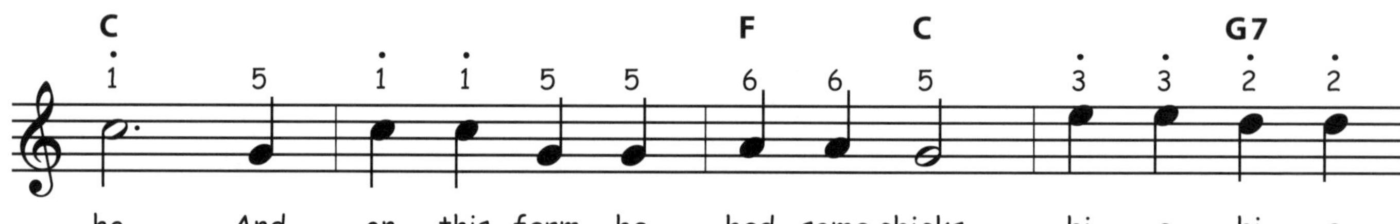

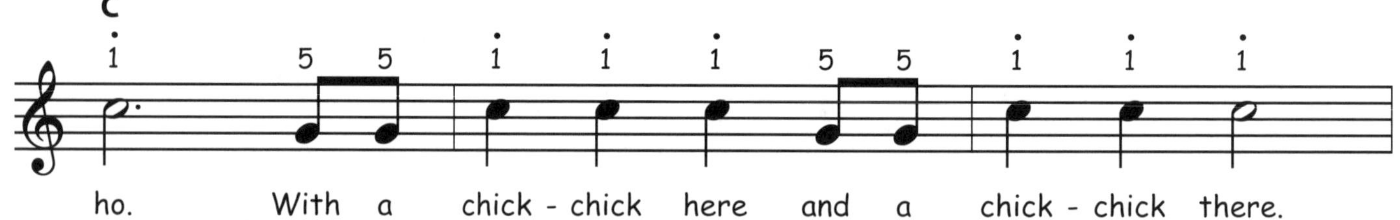

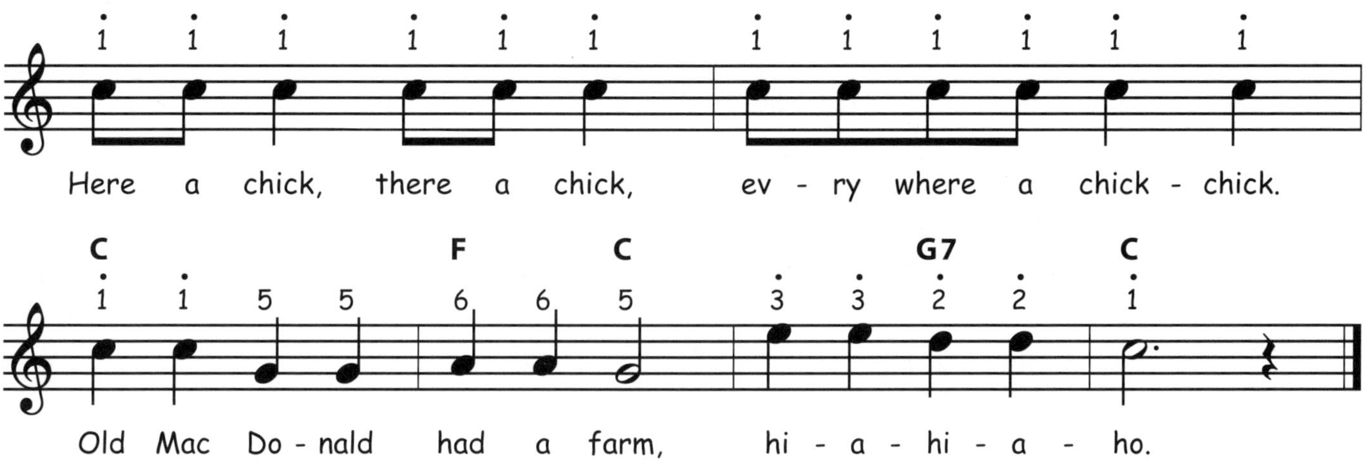

2. ... some ducks ... quack-quack ...
3. ... some geese ... gabble-gabble ...
4. ... a cow ... moo-moo ...
5. ... a pig ... oink-oink ...
6. ... a car ... rattle-rattle ...

What Shall We Do With The Drunken Sailor

Tempo: ♩ = 85

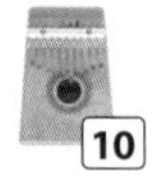

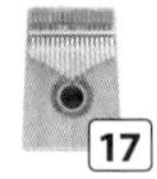

Traditional

Steht am Ende eines Titels **D.C. al Fine**, so heißt das, dass man wieder von vorne (it.: Da Capo) beginnt und bis zum Wort „Fine" spielt (= al Fine).

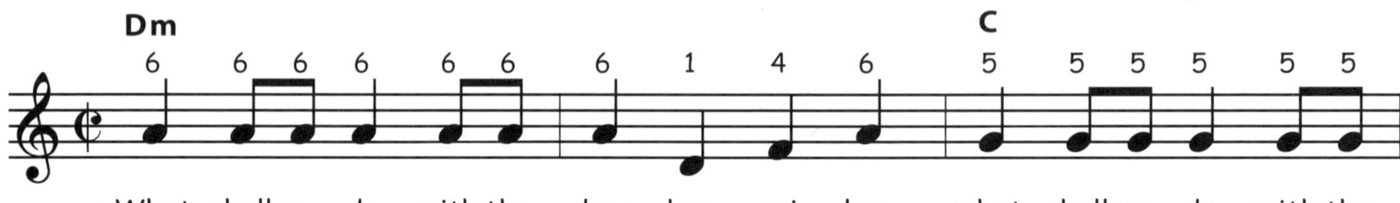

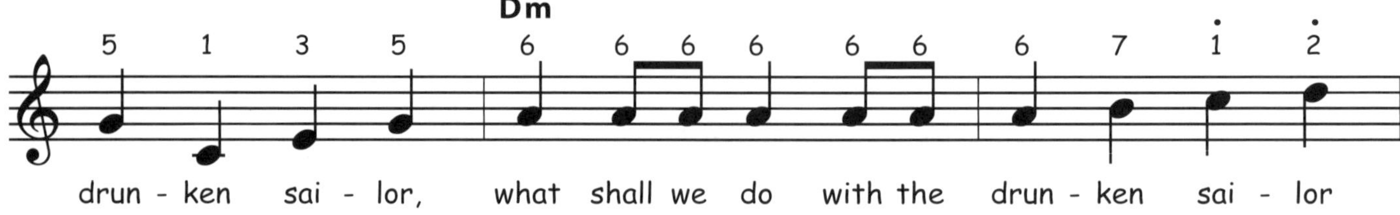

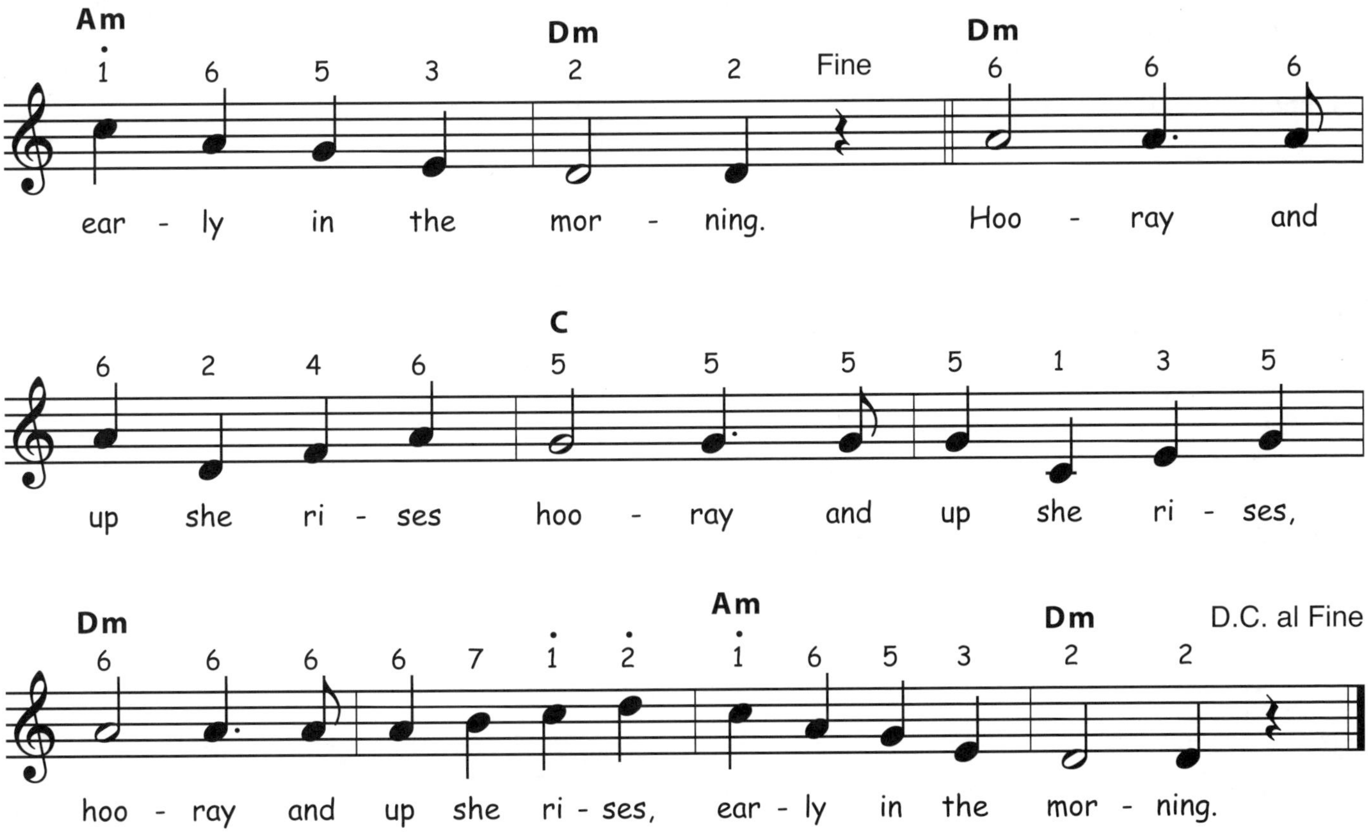

Am Dm Dm

1 6 5 3 2 2 Fine 6 6 6

ear - ly in the mor - ning. Hoo - ray and

C

6 2 4 6 5 5 5 5 1 3 5

up she ri - ses hoo - ray and up she ri - ses,

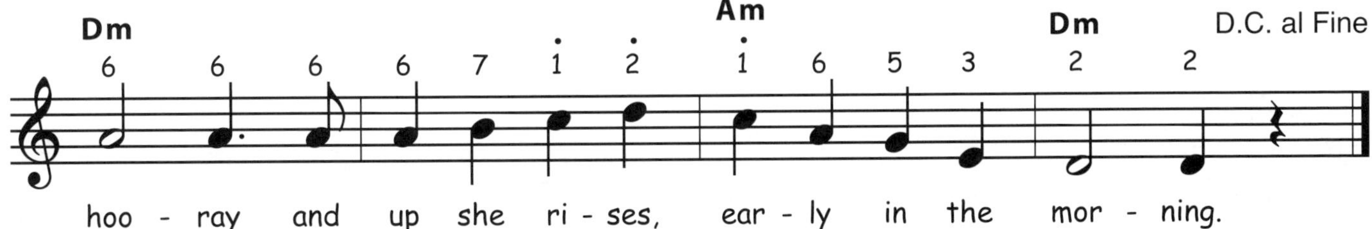

Tom Dooley

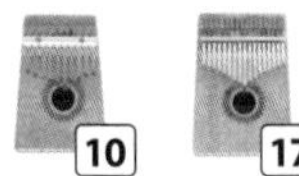

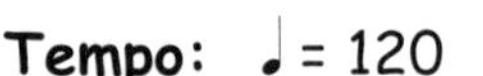

Traditional

F

1 1 1 2 4 6 6 1 1 1 2 4

Ref.: Hang down your head, Tom Doo - ley, hang down your head and

C

5 1 1 1 2 4 5 5

cry. Hang down your head, Tom Doo - ley,

F

5 5 6 4 2 4

poor boy, you're bound to die.

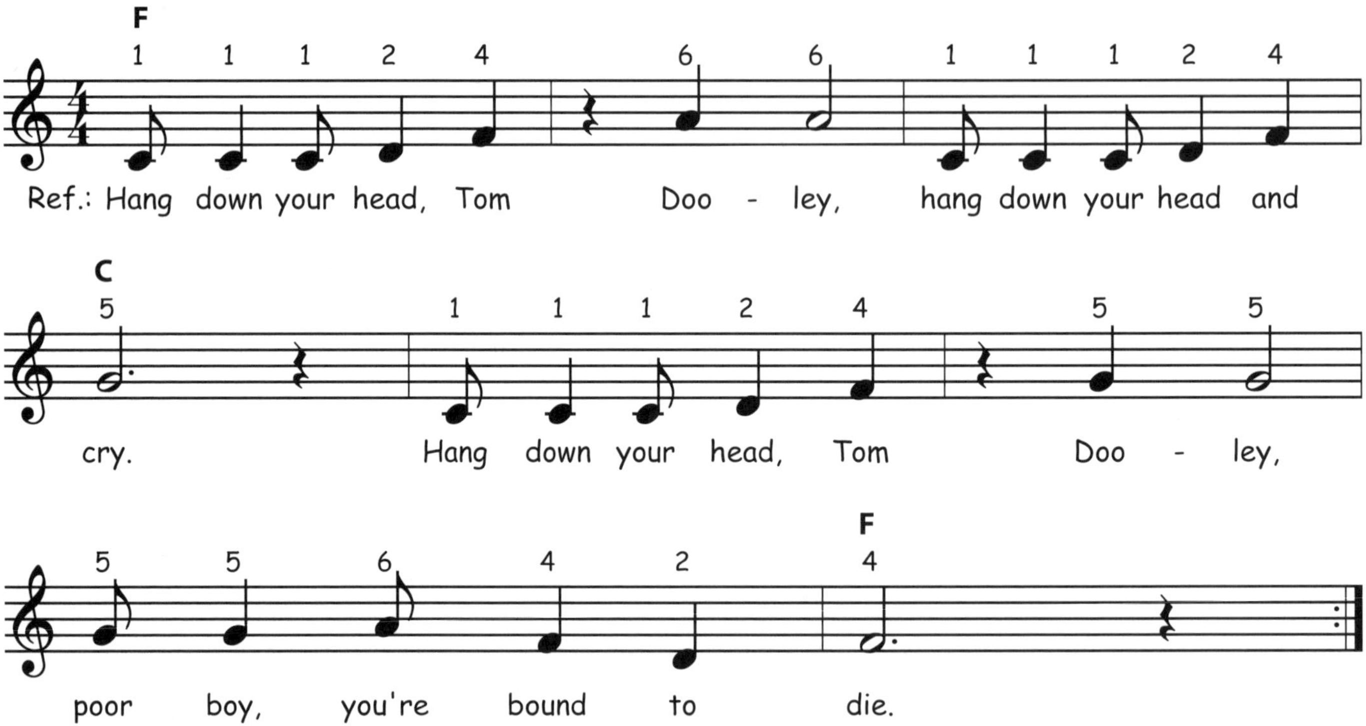

1. I met her on the mountain there I took her life.
Met her on the mountain, stabbed her with my knife.

Ref.: Hang down your head, Tom Dooley, hang down your head and cry.
Hang down your head, Tom Dooley, poor boy you're bound to die.

2. This time tomorrow reckon where I'll be.
Hadn't have been for that Greysome, I'd have been in Tennessee.

Ref.: Hang down your head, Tom Dooley, hang down your head and cry.
Hang down your head, Tom Dooley, poor boy you're bound to die.

TIPP

Die Melodie für Refrain und Strophe ist gleich. Du kannst die gleichen Noten für die Strophe spielen.

My Bonnie Is Over The Ocean

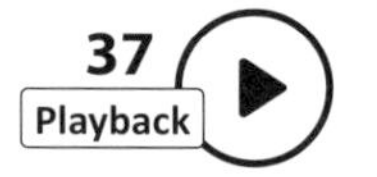

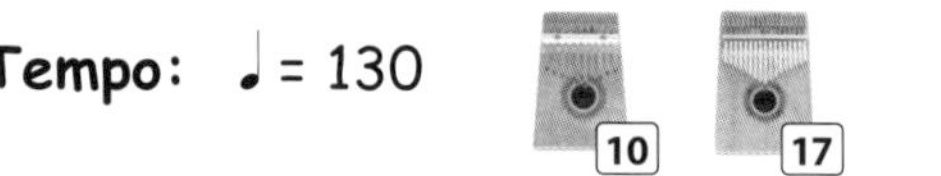

Traditional

C F C
5 3 2 1 2 1 6 5 3 5
1. My Bon - nie is o - ver the o - cean, my

D7 G G7 C
3 2 1 1 7 1 2 5 3 2 1
Bon - nie is o - ver the sea.____ My Bon - nie is

F C F G7
2 1 6 5 3 3 6 2 1 7 6 7
o - ver the o - cean, oh bring back my Bon - nie to

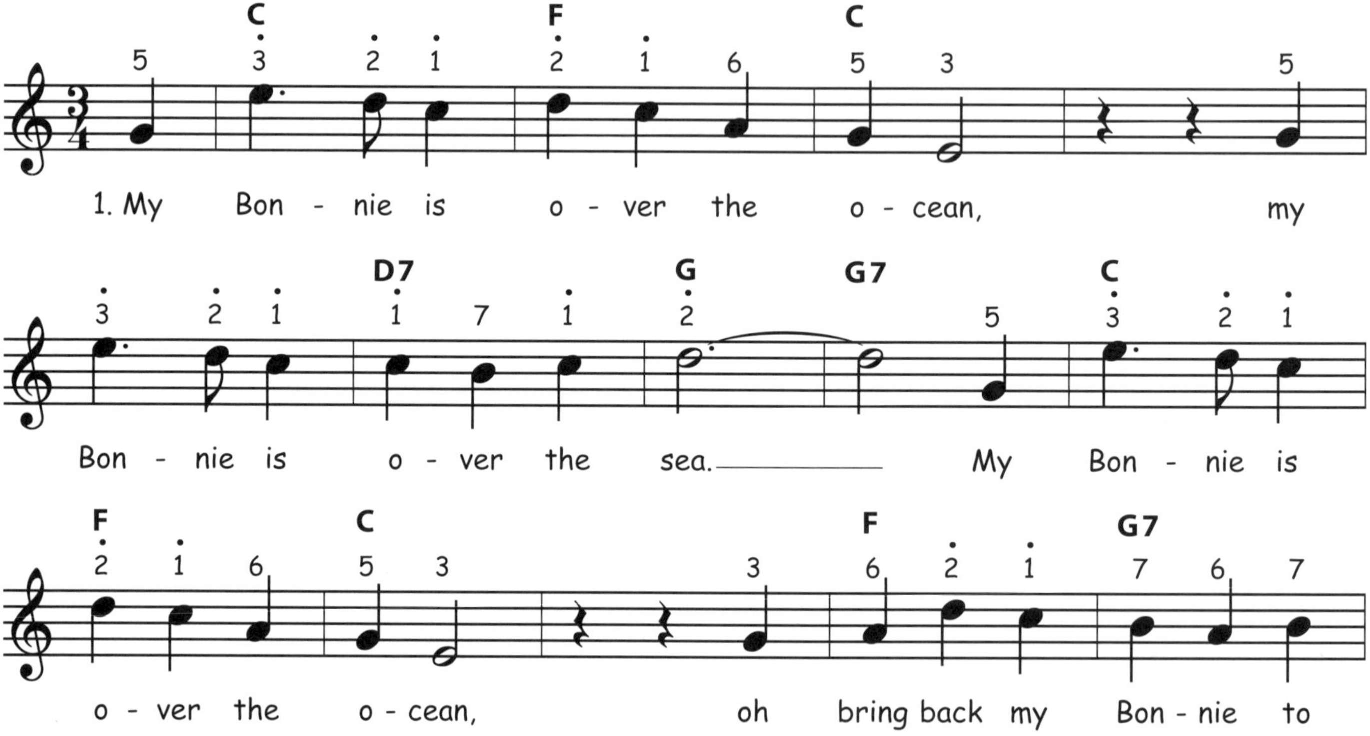

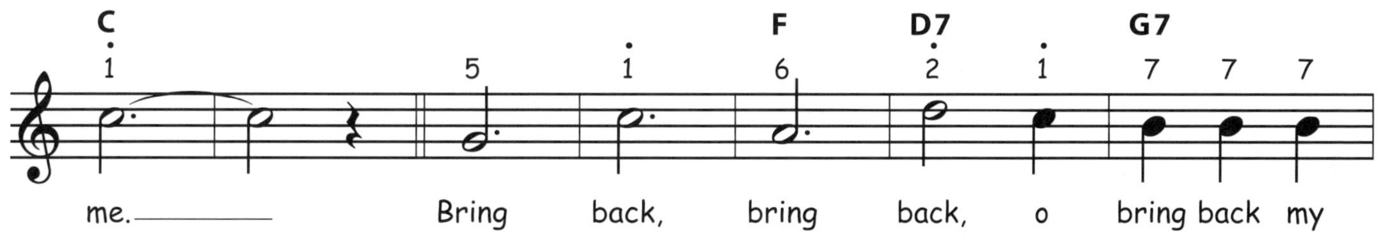
C F D7 G7
1 5 1 6 2 1 7 7 7
me. Bring back, bring back, o bring back my

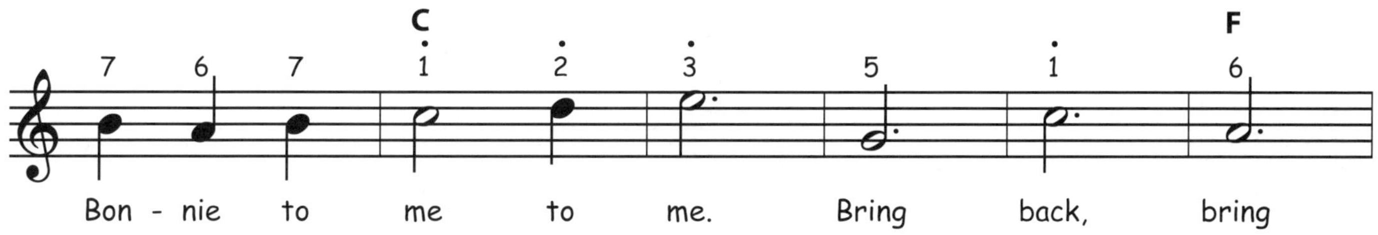
C F
7 6 7 1 2 3 5 1 6
Bon - nie to me to me. Bring back, bring

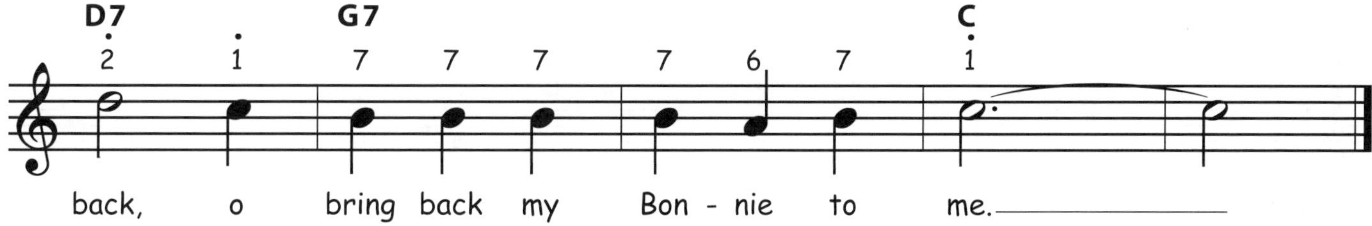
D7 G7 C
2 1 7 7 7 7 6 7 1
back, o bring back my Bon - nie to me.

Amazing Grace

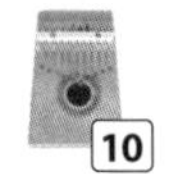

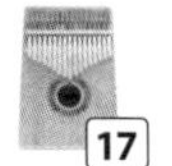

Tempo: ♩ = 90

Traditional

G C G
2 5 7 7 6 5 3 2 2 5
1. A - ma - zing grace, how sweet the sounds, that___

D7
5 7 7 6 7 2 7 2
saved a wretch like___ me.___ I___

G C G
2 7 7 6 5 3 2 2 5
once was lost, but now am found, was___

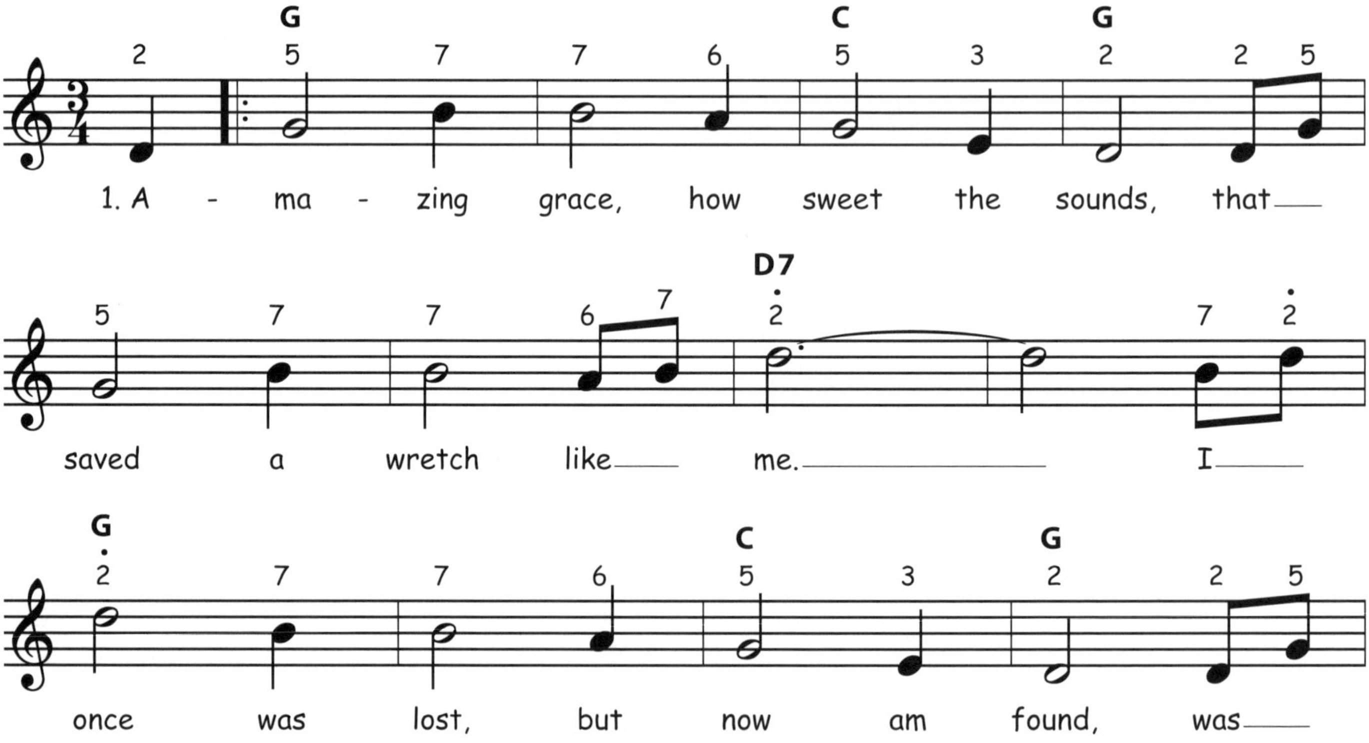

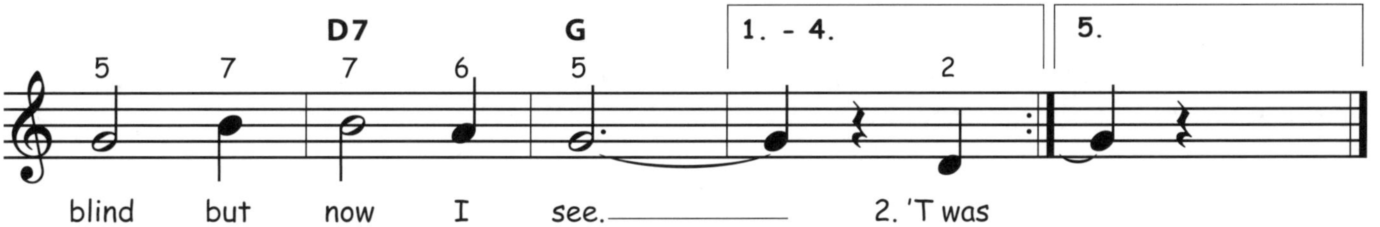

2. 'Twas grace that taught my heart to fear,
and grace my fears relieved;
how precious did that grace appear
the hour I first believed.

3. Thro's many dangers, toils and snares,
I have already come.
'Tis grace hath bro't me safe thus far,
and grace will lead me home.

4. How sweet the name of Jesus sounds
in an believer's ear.
It soothes his sorrows, heals the wounds,
and drives away his fear.

5. Must Jesus bear the cross alone
and all the world go free?
No, there's a cross for ev'ry one
and there's a cross for me.

The House Of The Rising Sun

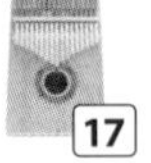

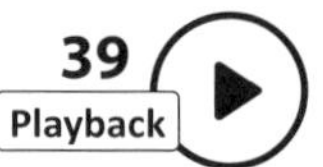

Tempo: ♩ = 62

Traditional

Neben dem 4/4- und 3/4-Takt ist der 6/8-Takt weit verbreitet. Rein rechnerisch ist er genauso lang wie der 3/4-Takt. Dadurch, dass Achtelnoten die Grundzählzeit darstellen, ergibt sich ein etwas anderes Feeling als im 3/4-Takt: Im 6/8-Takt werden nämlich die Zählzeiten „1" und „4" leicht betont.

neuer Ton: **a²**

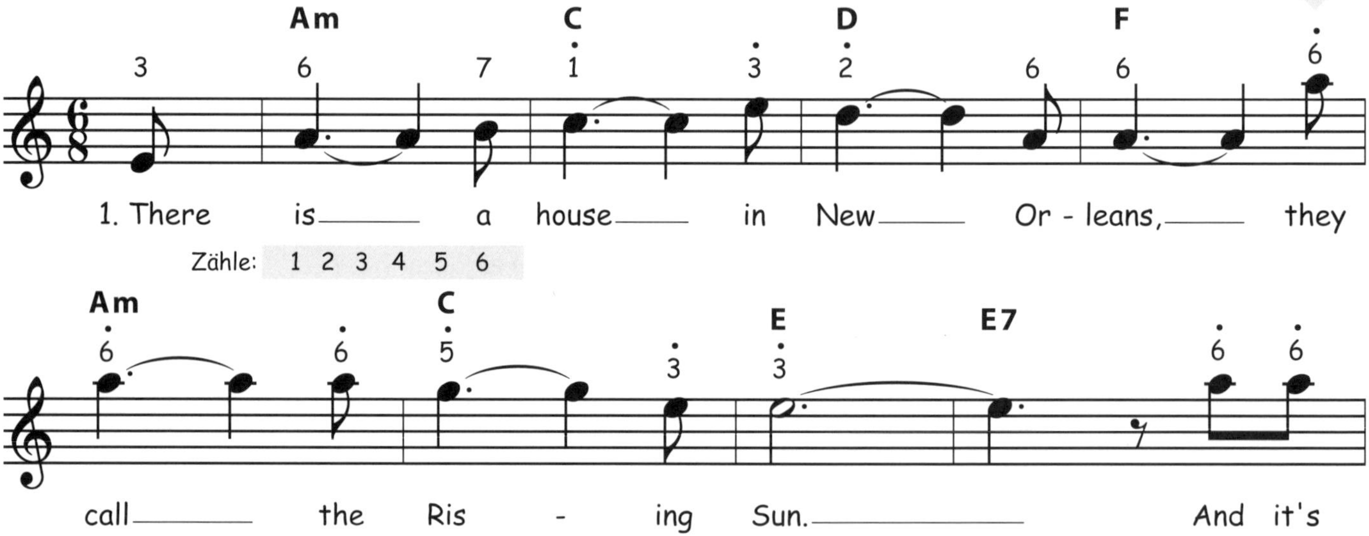

Am C D F

3 6 7 1 3 2 6 6 6

1. There is ____ a house ____ in New ____ Or - leans, ____ they

Zähle: 1 2 3 4 5 6

Am C E E7

6 6 5 3 3 6 6

call ____ the Ris - ing Sun. ____ And it's

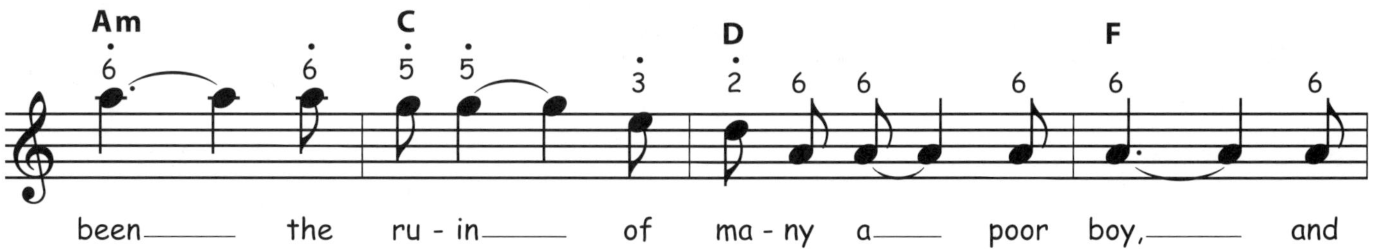

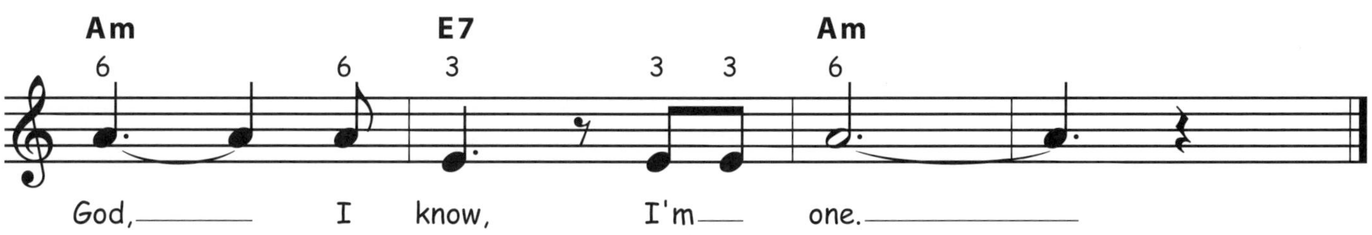

2. My mother she is a tailor,
she sews those blue jeans.
My father was a gamblin' man
down in New Orleans.

3. Go tell my baby sister,
never do what I have done.
Never see that house in New Orleans,
they call the Rising Sun.

4. I'm going back to New Orleans,
my time is almost done.
I am going there to spend my days
beneath the Rising Sun.

Freude schöner Götterfunken

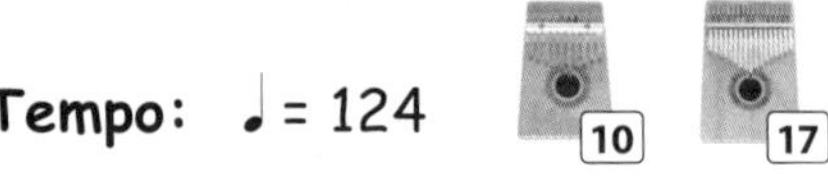

Traditional, Ludwig van Beethoven

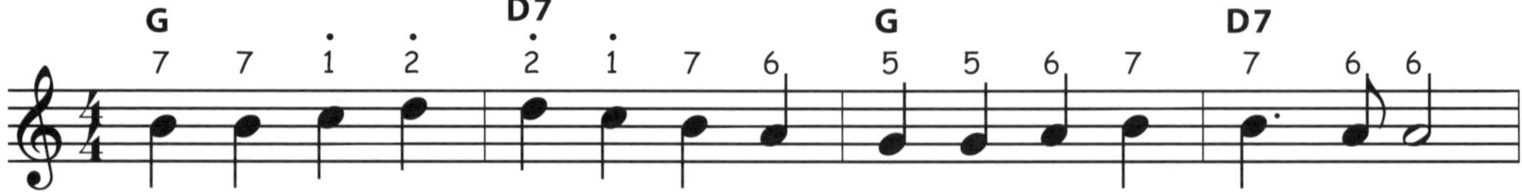

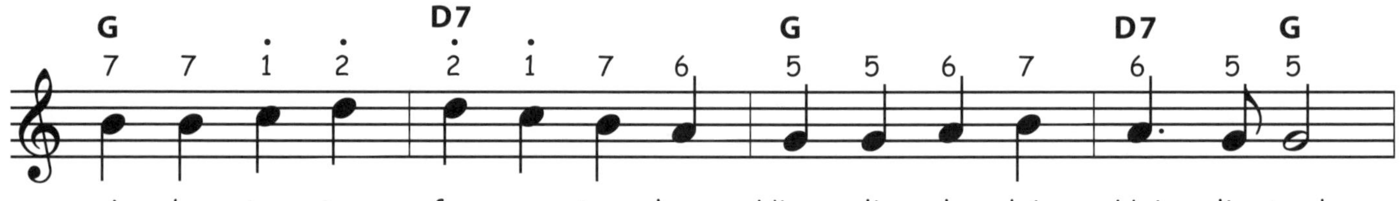

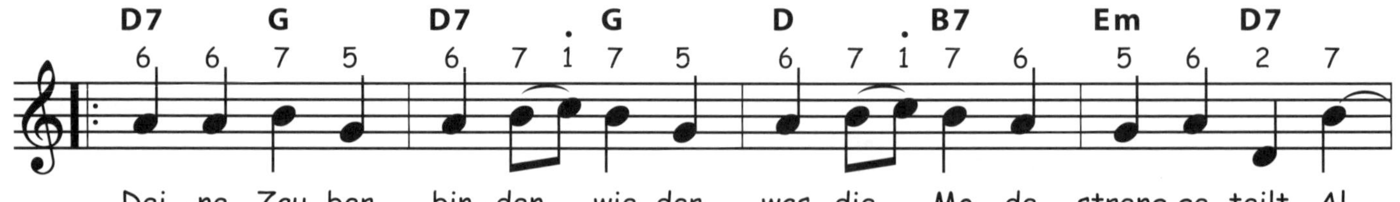

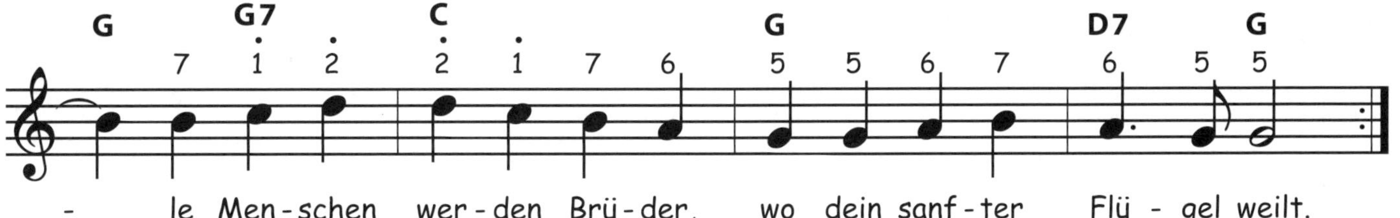

2. Wem der große Wurf gelungen,
Eines Freundes Freund zu sein;
Wer ein holdes Weib errungen,
Mische seinen Jubel ein!
Ja, wer auch nur eine Seele
Sein nennt auf dem Erdenrund!
Und wer's nie gekonnt, der stehle
Weinend sich aus diesem Bund!

3. Freude trinken alle Wesen
an den Brüsten der Natur.
Alle Guten, alle Bösen
folgen ihrer Rosenspur.
Küsse gab sie uns, und Reben,
einen Freund, geprüft im Tod;
Wollust ward dem Wurm gegeben,
und der Cherub steht vor Gott!

4. Seid umschlungen, Millionen,
diesen Kuss der ganzen Welt!
Brüder über'm Sternenzelt,
muss ein lieber Vater wohnen.
Ihr stürzt nieder, Millionen?
Ahnest du den Schöpfer, Welt?
Such' ihn über'm Sternenzelt!
Über Sternen muss er wohnen.

Aura Lee

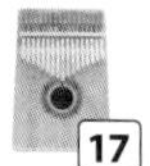

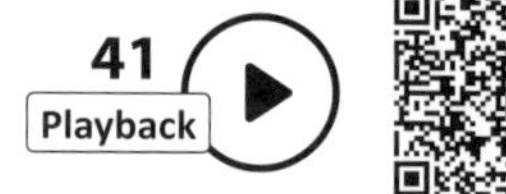

Tempo: ♩ = 150

Traditional

C A7 D7 Dm G7 C

3 3 4 3 | 2 6 2 | 1 7 6 7 | 1

C Dm G7 C

5 1 7 1 | 2 6 2 | 1 7 6 7 | 1

1. As the black-bird in the spring, 'neath the wil - low tree,
2. In thy blush the rose was born; Mu - sic, when you spoke.

C Dm G7 C

5 1 7 1 | 2 6 2 | 1 7 6 7 | 1

sat and piped I heard him sing, sing - ing Au - ra Lee.
Through thine a - zure eye the morn spark - ling seemed to break.

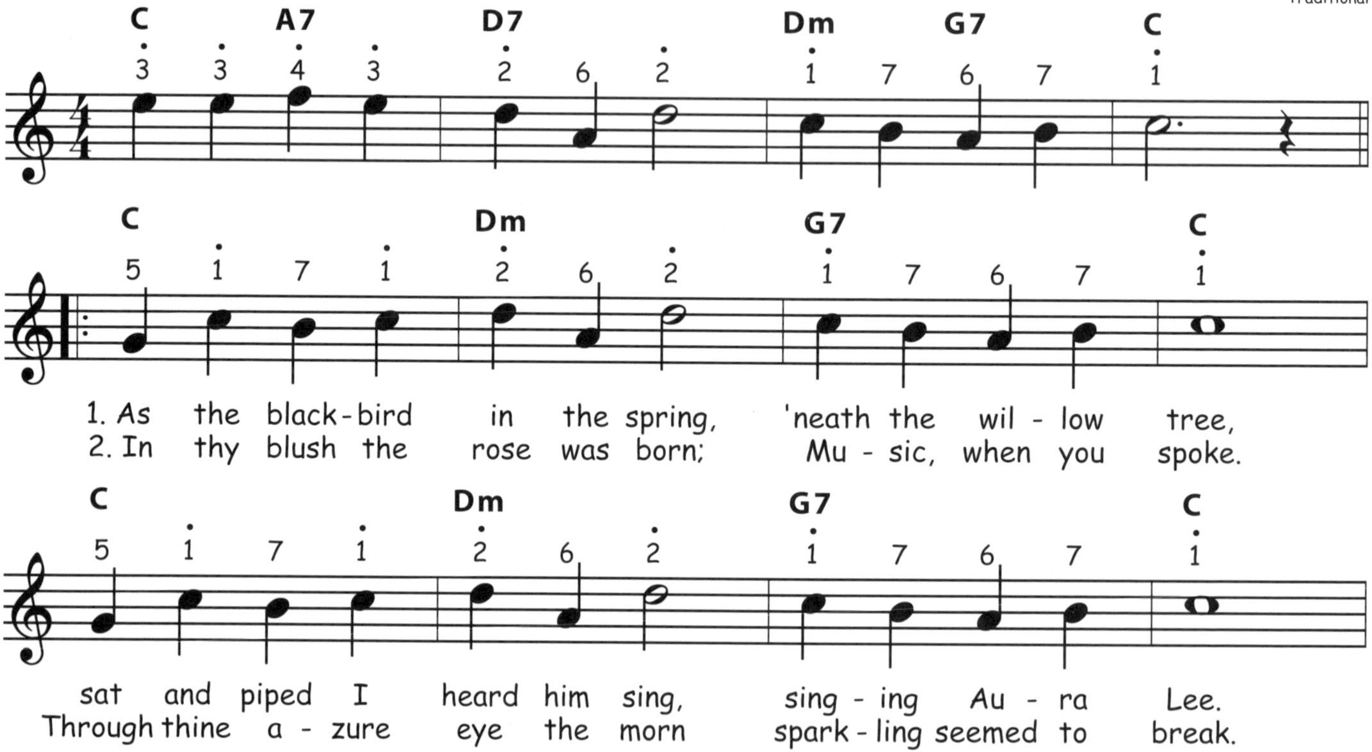

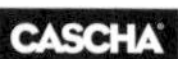

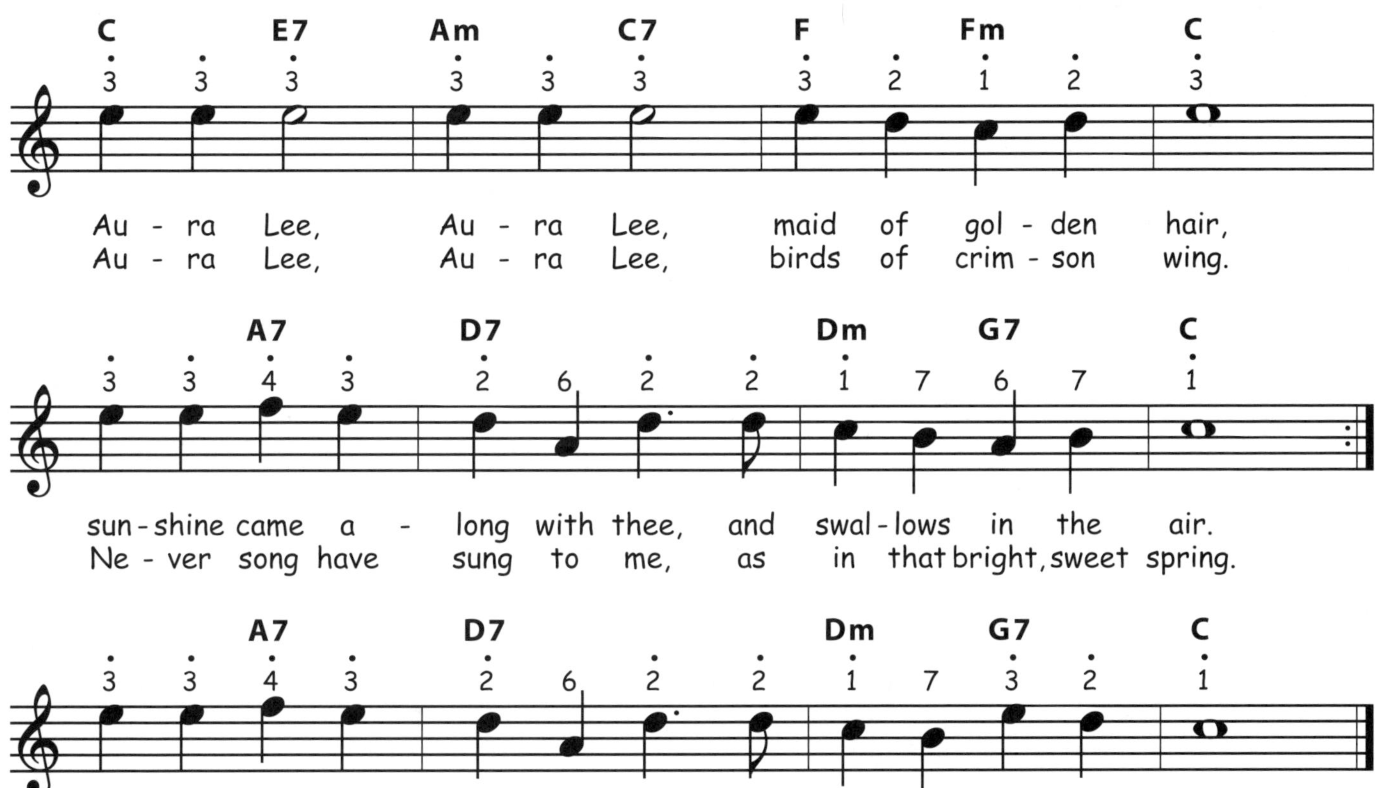
C E7 Am C7 F Fm C
3 3 3 3 3 3 3 2 1 2 3
Au - ra Lee, Au - ra Lee, maid of gol - den hair,
Au - ra Lee, Au - ra Lee, birds of crim - son wing.
A7 D7 Dm G7 C
3 3 4 3 2 6 2 2 1 7 6 7 1
sun - shine came a - long with thee, and swal - lows in the air.
Ne - ver song have sung to me, as in that bright, sweet spring.
A7 D7 Dm G7 C
3 3 4 3 2 6 2 2 1 7 3 2 1

Alle Jahre wieder

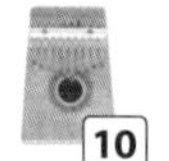

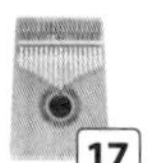

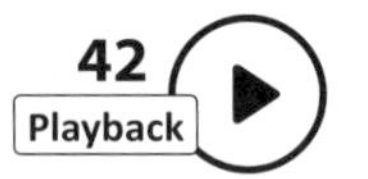

Tempo: ♩ = 100

Traditional,
F. Silcher

C G C G C F G
5 6 5 4 3 2 1 2 3 4 3 2

1. Al - le Jah - re wie - der kommt das __ Chri - stus - kind

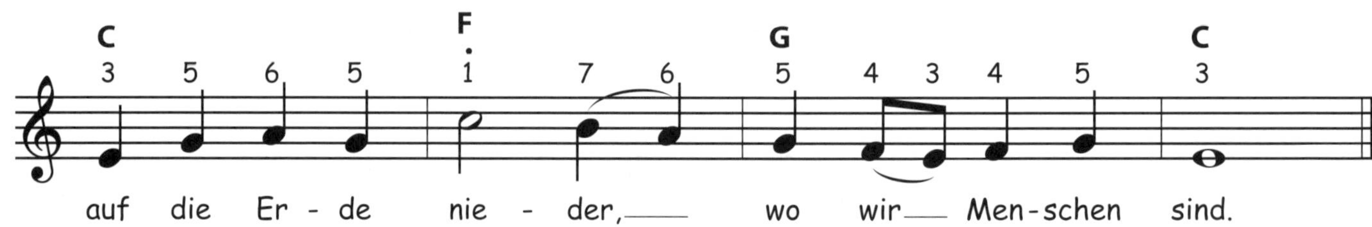

2. Kehrt mit seinem Segen,
ein in jedes Haus,
geht auf allen Wegen
mit uns ein und aus.

3. Steht auch mir zur Seite
still und unerkannt,
dass es treu mich leite
an der lieben Hand.

Morgen kommt der Weihnachtsmann

Tempo: ♩ = 136

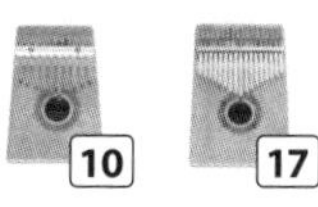

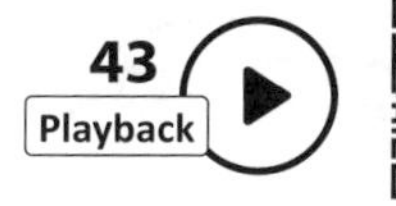

Traditional aus Frankreich

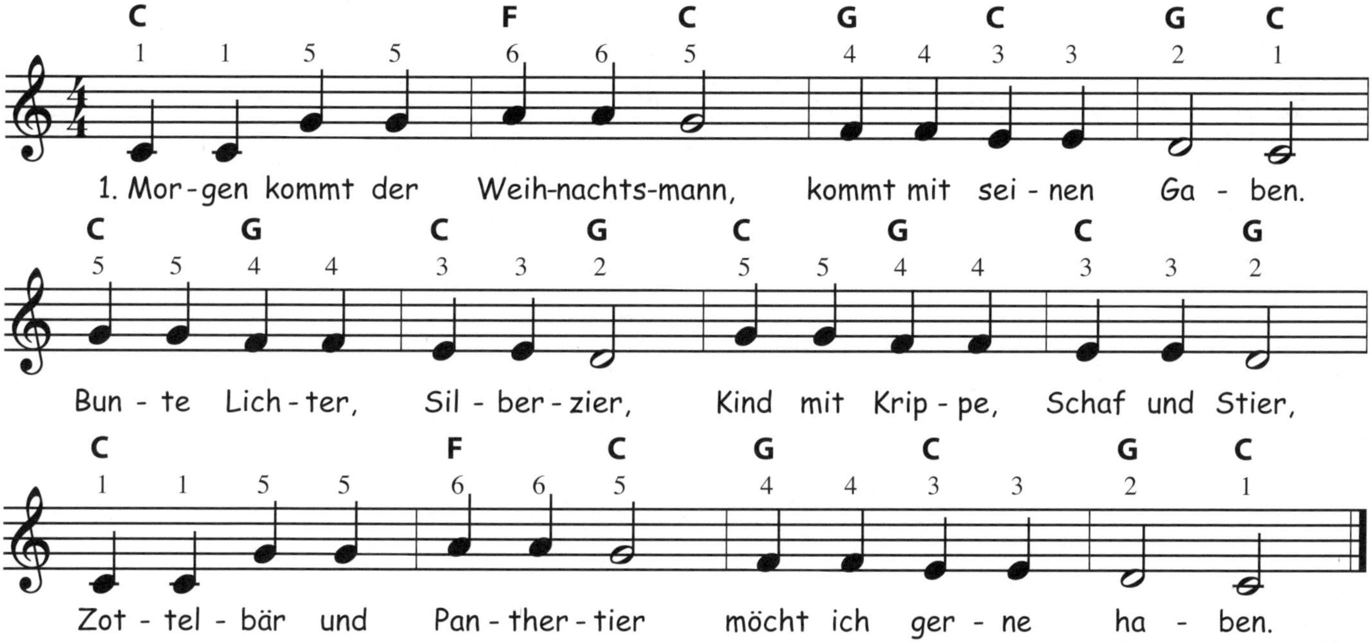

C F C G C G C
1 1 5 5 6 6 5 4 4 3 3 2 1

1. Mor - gen kommt der Weih-nachts-mann, kommt mit sei - nen Ga - ben.

C G C G C G C G
5 5 4 4 3 3 2 5 5 4 4 3 3 2

Bun - te Lich - ter, Sil - ber - zier, Kind mit Krip - pe, Schaf und Stier,

C F C G C G C
1 1 5 5 6 6 5 4 4 3 3 2 1

Zot - tel - bär und Pan - ther - tier möcht ich ger - ne ha - ben.

2. Doch du weißt ja unsern Wunsch, kennst ja unsre Herzen. Kinder, Vater und Mama, auch sogar der Großpapa, alle, alle sind wir da, warten dein mit Schmerzen.

Jingle Bells

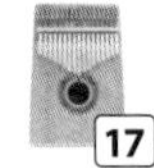

Tempo: ♩ = 184

Traditional aus USA

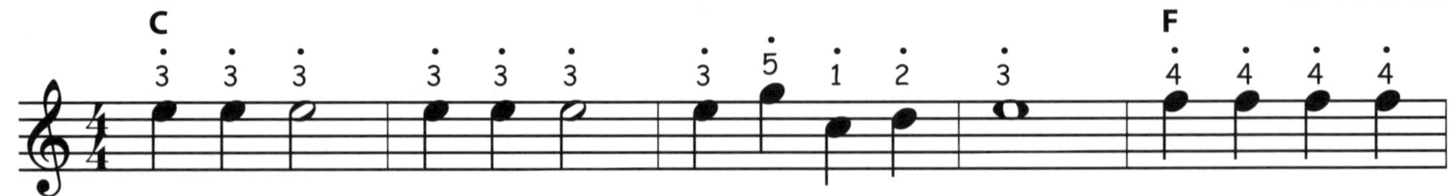

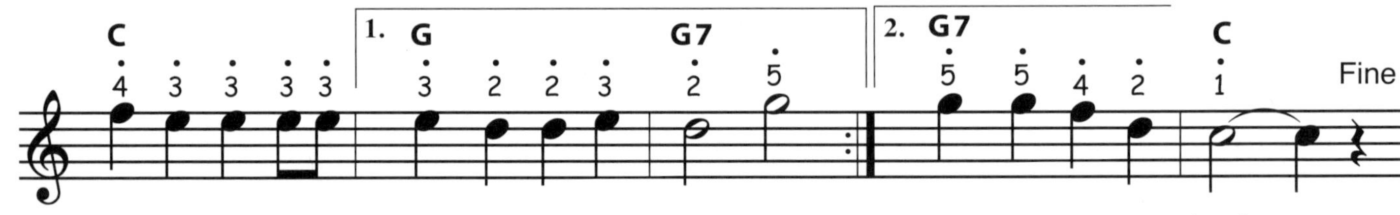

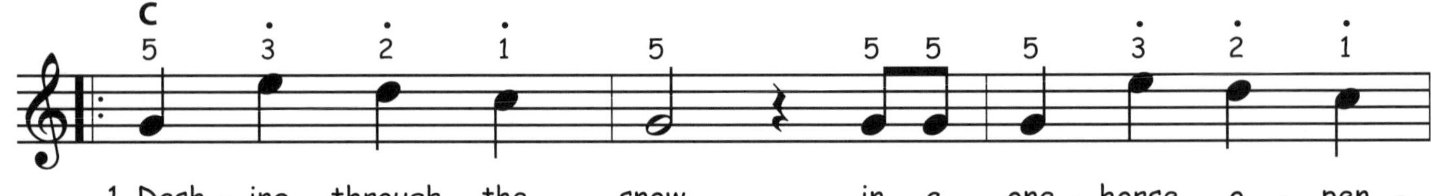

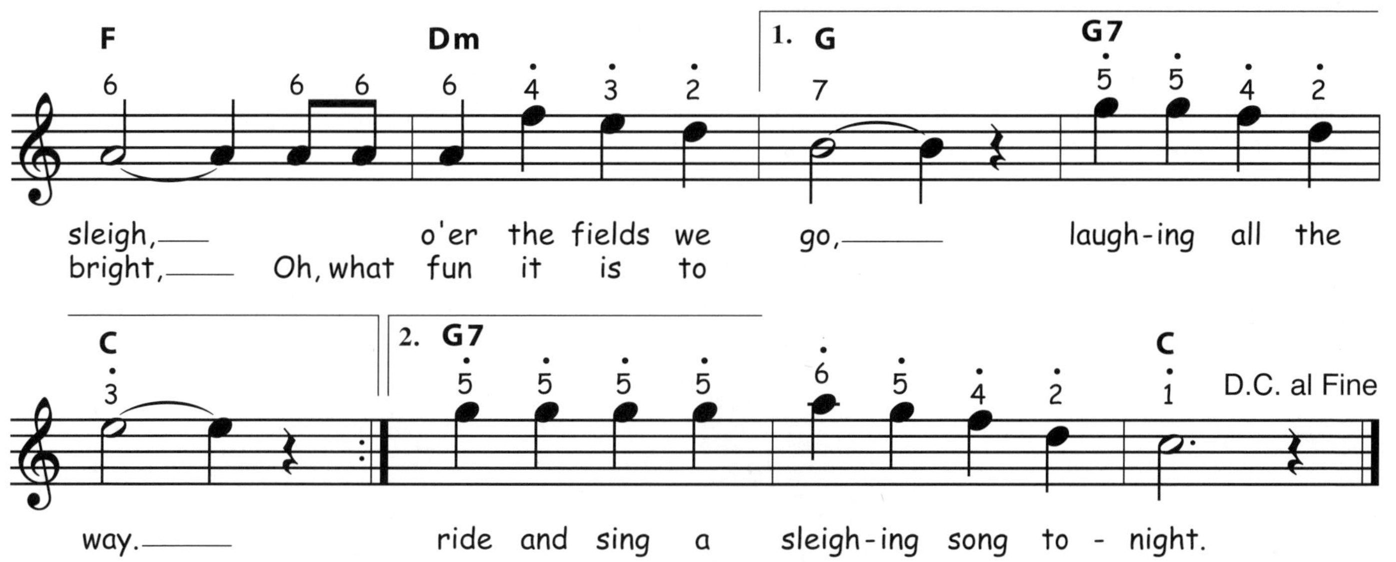

2. Day or two ago thought I'd take a ride
soon Miss Fanny Bright was seated at my side.
The horse was lean and lank,
Misfortune seem'd his lot,
he got into a drifted bank and we, we got upsot!
Jingle bells, jingle bells, ...

3. Now the ground is white, go it while you're young!
Take the girls tonight, and sing this sleighing song.
Just get a bobtail'd bay, two-forty for his speed,
then hitch him to an open sleigh
and crack! You'll take the lead.
Jingle bells, jingle bells, ...

Schnell und einfach lernen

Mit diesem Schulkonzept kannst du bereits nach kurzer Zeit die ersten Songs auf deinem Instrument begleiten und spielen. Die Kombination von Lehrbuch und QR-Codes bietet dir den idealen Einstieg. Die wichtigsten Grundlagen werden kurz und einfach erklärt. Danach geht es gleich los mit dem Spielen.

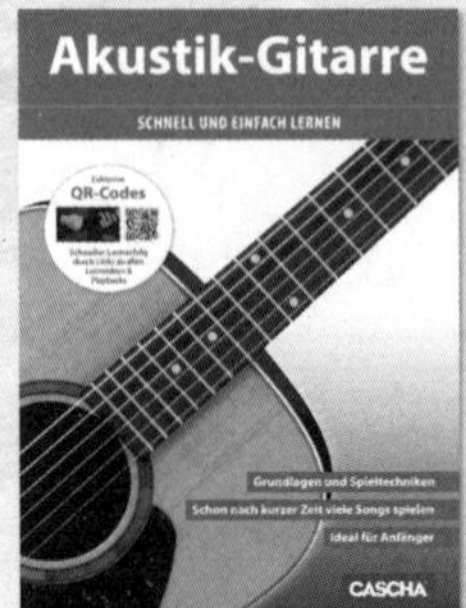

Akustik-Gitarre - schnell und einfach lernen
mit QR-Codes
DIN A4, 32 Seiten
ISBN 978-3-86626-226-3
Best.-Nr.: HH 1101 DE

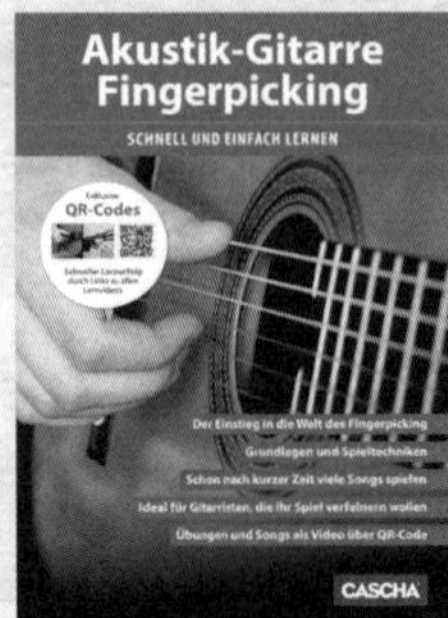

Fingerpicking - schnell und einfach lernen
mit QR-Codes
DIN A4, 32 Seiten
ISBN 978-3-86626-352-9
Best.-Nr.: HH 1111 DE

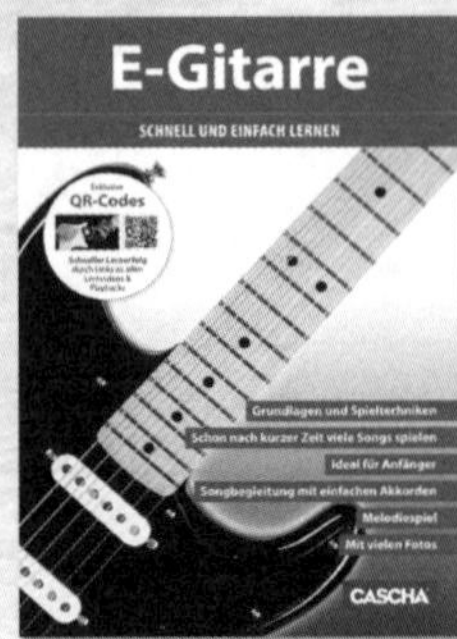

E-Gitarre - schnell und einfach lernen
mit QR-Codes
DIN A4, 32 Seiten
ISBN 978-3-86626-233-1
Best.-Nr.: HH 1201 DE

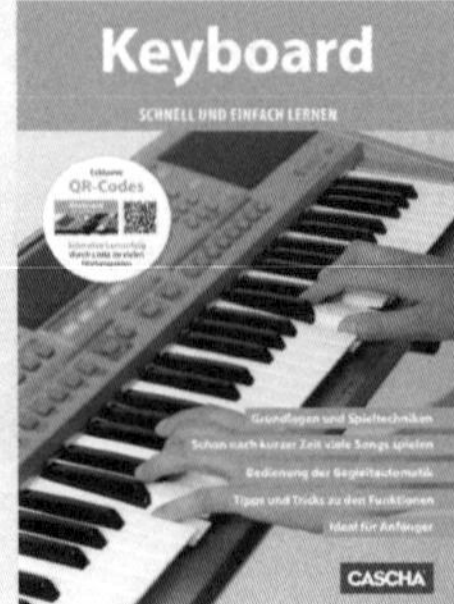

Keyboard - schnell und einfach lernen
mit QR-Codes
DIN A4, 64 Seiten
ISBN 978-3-86626-374-1
Best.-Nr.: HH 1401 DE

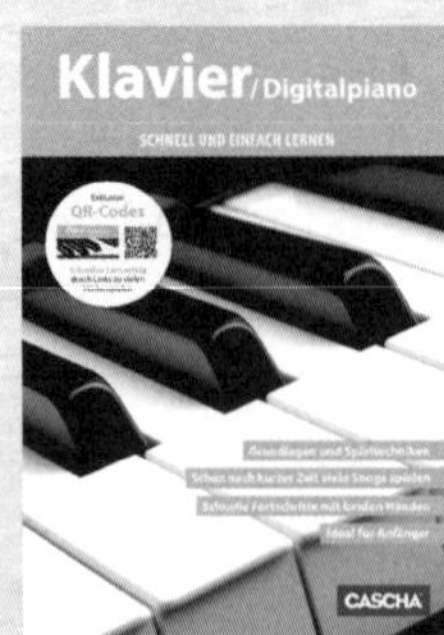

Klavier - schnell und einfach lernen
mit QR-Codes
DIN A4, 64 Seiten
ISBN 978-3-86626-432-8
Best.-Nr.: HH 1901 DE

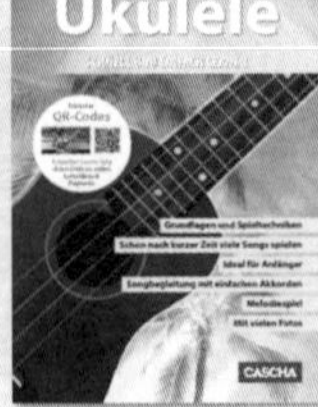

Ukulele - schnell und einfach lernen
mit QR-Codes
DIN A5, 32 Seiten
ISBN 978-3-86626-117-4
Best.-Nr.: HH 1301 DE